ESCRITOS PRÁTICOS
DE DIREITO DO URBANISMO

ESCRITOS PRÁTICOS
DE DIREITO DO URBANISMO

2017

Fernanda Paula Oliveira

ESCRITOS PRÁTICOS DE DIREITO DO URBANISMO
AUTORA
Fernanda Paula Oliveira

EDITOR
EDIÇÕES ALMEDINA, S.A.
Rua Fernandes Tomás, nºs 76-80
3000-167 Coimbra
Tel.: 239 851 904 · Fax: 239 851 901
www.almedina.net · editora@almedina.net

DESIGN DE CAPA
FBA.

PRÉ-IMPRESSÃO
EDIÇÕES ALMEDINA, SA

IMPRESSÃO E ACABAMENTO
Vasp - DPS

Abril, 2017
DEPÓSITO LEGAL
425288/17

Os dados e as opiniões inseridos na presente publicação são da exclusiva responsabilidade do(s) seu(s) autor(es).
Toda a reprodução desta obra, por fotocópia ou outro qualquer processo, sem prévia autorização escrita do Editor, é ilícita e passível de procedimento judicial contra o infrator.

 GRUPOALMEDINA

BIBLIOTECA NACIONAL DE PORTUGAL – CATALOGAÇÃO NA PUBLICAÇÃO
OLIVEIRA, Fernanda Paula, 1967-

Escritos práticos de direito do urbanismo. – (Monografias)
ISBN 978-972-40-6988-3

CDU 349

NOTA DA AUTORA

Ao longo da minha atividade profissional tenho tido a oportunidade de me confrontar com um conjunto de situações práticas que colocam problemas jurídicos no âmbito do direito do urbanismo, para a resolução dos quais tem sido solicitada a minha intervenção.

Para o efeito fui desenvolvendo um trabalho de análise e reflexão a partir dos dados de cada situação concreta, procurando solucionar as questões que me eram colocadas e que visavam, em última instância, resolver problemas da vida quotidiana. Por este motivo fui acumulando, ao longo dos anos, um conjunto de escritos onde se encontram vertidas aquelas reflexões e tratadas algumas questões.

Precisamente porque entendo que da partilha – seja de saber, seja de experiências, seja de reflexões – todos saímos a ganhar, entendi por bem selecionar alguns desses trabalhos e adaptá-los para publicação na expectativa de que possam ser úteis a todos os que dispensem algum tempo à sua leitura. Tendo em conta a sua origem, os textos que aqui se publicam tratam essencialmente de questões práticas, quase sempre a partir de uma situação da vida real, que é, por norma, sumariamente identificada.

Esta publicação pretende ser um primeiro passo na tarefa de sistematização e de levantamento do trabalho que venho desenvolvendo, submetendo-o à leitura crítica daqueles que se interessam por estas temáticas.

Dedico este livro, com saudade, ao meu pai, que sempre me ensinou os valores da solidariedade e da partilha: no caso, partilho as minhas reflexões, fruto dos casos da vida com que me tenho confrontado.

FERNANDA PAULA MARQUES DE OLIVEIRA

Gião, Santa Maria da Feira, 21 de fevereiro de 2017

1
Construção nova *versus* intervenção em edificações existentes: a dificuldade de recorte dos conceitos

i. É o Regime Jurídico da Urbanização e Edificação (RJUE)[1] que, como se sabe, identifica (definindo-as) as diferentes operações de intervenção no solo submetidas às disposições consagradas neste diploma, operações que se diferenciam não só pelas distintas características que as marcam como, também, pelo regime a que estão sujeitas.

Não obstante esta diferenciação, o RJUE utiliza um conceito que abrange todas: o conceito de *operações urbanísticas*, que são as "*operações materiais de urbanização, de edificação, de utilização dos edifícios ou do solo desde que, neste último caso, para fins não exclusivamente agrícolas, pecuários, florestais, mineiros ou de abastecimento público de água*" – alínea *j*) do artigo 2º.

Trata-se de um conceito amplo que abarca, tendencialmente, todas as intervenções *artificiais* (isto é, *não naturais*) nos solos. Na alínea *h*)

---

[1] Este diploma foi aprovado pelo Decreto-Lei nº 555/99, de 16 de dezembro (retificado pela Declaração nº 5-B/2000, de 29 de fevereiro), e alterado pelo Decreto-Lei nº 177/2001, de 4 de junho (retificado pela Declaração nº 13-T/2001, de 30 de junho), pelas Leis nºs 15/2002, de 22 de fevereiro, 4-A/2003, de 19 de fevereiro, 157/2006, de 8 de agosto, 60/2007, de 4 de setembro, pelos Decretos-Leis nºs 18/2008, de 29 de janeiro, 116/2008, de 4 de julho, 26/2010, de 30 de março, pela Lei nº 28/2010, de 2 de setembro, e pelos Decretos-Leis nºs 266-B/2012, de 31 de dezembro, 136/2014, de 9 de setembro (retificado pela Declaração nº 46-A/2014, de 10 de novembro), e 214-G/2015, de 2 de outubro.

ESCRITOS PRÁTICOS DE DIREITO DO URBANISMO

apenas não estão expressamente integrados os *loteamentos urbanos* [previstos na sua alínea *i)*] e as *obras de demolição* [consagradas na sua alínea *g)*], embora o artigo 2º os reconheça como operações urbanísticas.

De todas estas operações daremos aqui especial atenção às *obras de edificação*, que são definidas na alínea *a)* como *"a atividade ou o resultado da construção, reconstrução, ampliação, alteração ou conservação de um imóvel destinado a utilização humana, bem como de qualquer outra construção que se incorpore no solo com carácter de permanência"*.

Como facilmente se percebe, o próprio conceito de *obras de edificação* é um conceito amplo, agregador de uma variedade de intervenções, que podem ser reconduzidas a dois grandes grupos: de um lado, aquelas que dizem respeito a um *imóvel destinado a utilização humana* (vulgo, edifício, como, por exemplo, uma moradia unifamiliar), de outro lado, aquelas que se referem a *qualquer outra construção que se incorpore no solo com carácter de permanência* (o caso de um muro de vedação ou de uma piscina).

Quando a obra de edificação diz respeito a edifícios (imóveis destinados a utilização humana) – aqueles que aqui nos interessa tratar –, o legislador distingue, ainda, diferentes intervenções edificatórias[2], que, por sua vez, também aqui podemos dividir em dois grandes grupos: de um lado, as obras de *criação de um novo edifício* – obras de *construção* –, de outro lado, as obras que *incidem sobre edifícios preexistentes* e que vão desde intervenções menos intensas (obras de *conservação*) a intervenções que introduzem modificações de maior relevo no imóvel (obras de *reconstrução*, de *alteração* ou de *ampliação*).

---

[2] Os conceitos que enunciamos de seguida também se referem a *outras construções que se incorporem no solo com carácter de permanência*, embora se suscitem, em relação a estas, problemas acrescidos por os conceitos em causa terem sido elaborados a pensar essencialmente nas construções de edifícios. Veja-se o caso do conceito de *reconstrução*, que é dificilmente ajustado a outras construções, como, por exemplo, a de muros, em que não se pode falar de fachada, cércea e número de pisos. Têm os referidos conceitos, por isso, em relação a este tipo de obras de edificação, de ser entendidos com as devidas adaptações (por exemplo, em relação a muros o essencial da reconstrução tem de estar na manutenção dos elementos essenciais dos muros a reconstruir, *maxime* a sua altura, mas já não os materiais utilizados). Sobre a necessidade de adaptação dos vários conceitos quando não está em causa a construção de um edifício, cfr. FERNANDA PAULA OLIVEIRA, MARIA JOSÉ CASTANHEIRA NEVES e DULCE LOPES, *Regime Jurídico da Urbanização e Edificação. Comentado*, Coimbra, Almedina, 4ª ed., 2016, p. 99.

As obras de edificação que integram o segundo grupo têm em comum incidirem sobre um *edifício preexistente*, mantendo-o, ainda que modificado.

No que concerne às *obras de demolição*, tendo em comum com as operações que acabamos de referir a sua incidência sobre edificações (pre)existentes, o que as marca é o facto de procederem à sua *"destruição, total ou parcial"* [cfr. alínea *g)* do artigo 2º].

ii. Desde sempre as várias intervenções incidentes sobre edifícios existentes têm um campo próprio de aplicação, o que tem como consequência que uma determinada intervenção apenas possa, em regra, ser reconduzida a uma delas: uma dada intervenção ou é uma obra de *conservação*, ou uma obra de *alteração*, ou uma obra de *reconstrução* ou uma *obra de ampliação* ou de *demolição*.

De facto, e a título de exemplo, uma *ampliação* não deixa de ser uma *alteração de um edifício*, mas distingue-se desta por implicar um *aumento* da sua área total de construção, da área de implantação, da altura das fachadas ou do volume da edificação [conjugação das alíneas *d)* e *e)* do artigo 2º]. Ambas *modificam as características físicas do edifício*, mas no caso da ampliação a modificação é mais acentuada, já que se *aumentam* várias delas: a sua área de construção, de implantação, da altura das fachadas e do respetivo volume.

Se assim é, por regra, nem sempre esta não coincidência entre operações urbanísticas acontece, como a evolução do respetivo regime legal tem vindo a demonstrar (evolução essa que visa dar resposta a situações cada vez mais complexas da vida corrente). Veja-se, a título de exemplo, o caso paradigmático do conceito de *obras de reconstrução*, que tem vindo a sofrer, ao longo dos anos, uma clara evolução. Assim, se inicialmente a reconstrução pressupunha sempre *o "refazer" de um edifício* – e não *um fazer de novo*, que corresponderia ao conceito de *construção* –, o que implicava *recuperar as características do edifício anterior* (incluindo a área de construção, a sua altura e respetiva volumetria)[3], passou a admitir-se,

---

[3] Na versão inicial do RJUE (1999) as obras de reconstrução eram *"as obras de construção subsequentes à demolição total ou parcial de uma edificação existente, das quais resulte a* manutenção ou a reconstituição da estrutura das fachadas, da cércea e do número de pisos" (realce nosso). Por esse motivo, o RJUE previa para este tipo de obras um regime especial de *garantia do existente* (uma garantia ativa prevista no nº 2 do artigo 60º), precisamente porque tais obras

depois, *reconstruções com preservação de fachadas*, o que, curiosamente, ao contrário do que a designação dava a entender, permitia uma modificação do edifício, por a sua cércea poder aumentar até ao limite das edificações confinantes mais elevadas (versão do RJUE de 2007). E para a versão atual (2014) parece bastante, para estarmos perante uma obra de reconstrução, que se mantenha *a estrutura das fachadas*, sendo possível o aumento destas e/ou do número de pisos (portanto, da área de construção), características que são igualmente comuns às obras de ampliação.

Mais: as obras de reconstrução pressupõem sempre, como característica intrínseca, a *demolição*, que tanto pode ser *total* como *parcial*, do edifício sobre o qual se está a intervir, na medida em que, nos termos da alínea *c)* do artigo 2º do RJUE, as obras de reconstrução são sempre *"subsequentes à demolição, total ou parcial, de uma edificação existente".*

A complexidade deste conceito é apenas um exemplo demonstrativo da complexidade que marca grande parte das intervenções que atualmente são levadas a cabo: muitas vezes a intervenção num edifício existente implica *demolir* partes do mesmo, *refazer ou manter* outras (por exemplo, a fachada) e ampliar a sua área de construção comparativamente com a situação anterior, o que nos coloca perante a difícil tarefa da recondução desta intervenção a um daqueles conceitos, na medida em que a intervenção (que é só uma) tem, precisamente, características dos três. E uma vez que *incidem sobre um edifício preexistente* não podem aquelas operações ser qualificadas de *nova edificação*.

Curiosamente, o legislador qualifica a obra como de *reconstrução* se a mesma, incidindo sobre um edifício preexistente – ainda que com demolições que, inclusive, podem ser totais –, *reconstituir a estrutura da fachada*, não deixando de assim ser qualificada (como obra de reconstrução) mesmo que dela resulte, também, o aumento da altura da fachada ou do número de pisos. O que significa que o conceito de reconstrução integra em si a *manutenção de algumas características do prédio anterior* (a estrutura das fachadas), mas misturando (sem que a intervenção deixe de ser uma reconstrução) demolições e ampliações.

A dificuldade inerente ao conceito de reconstrução é passível de ser encontrada também noutro tipo de intervenções incidentes sobre edi-

---

nunca teriam como efeito um agravamento da desconformidade com novas exigências legais e regulamentares entretanto entradas em vigor.

fícios preexistentes, na medida em que cada vez mais as intervenções edificatórias têm características mistas e, portanto, não fechadas apenas a cada uma das operações referidas.

Para agravar esta complexidade poderia perguntar-se se há limites à *modificação das características físicas de uma edificação* a ponto de, ultrapassados esses, deixarmos de ter uma *alteração* e passarmos a ter um *novo edifício*; e se há limites ao aumento da área de implantação, da área total de construção ou do volume do edifício, ultrapassados os quais já não estaríamos perante uma *ampliação*, mas em face de um novo (e distinto) edifício.

Tendo em conta os conceitos legais, não temos dúvidas em afirmar que esses limites, a existirem, não têm influência na caracterização (e qualificação) da operação: uma alteração tanto pode ser *mínima* como *substancial*, do mesmo modo que uma ampliação tanto pode ser *pequena* como *acentuada*. E não é porque uma *alteração é substancial* ou porque uma *ampliação é acentuada* que deixamos de ter uma *alteração* ou uma *ampliação* para passarmos a ter uma nova edificação; o que podem é os instrumentos de planeamento, por questões de ordem urbanística ou de ordenamento territorial, não permitir, em certas áreas, alterações substanciais (que não deixam, por isso, de ser alterações, só que não permitidas pelo plano), ou não admitir ampliações acima de um determinado nível (que também por esse motivo não deixam de ser ampliações, só que impedidas pelo plano). Cabe, efetivamente, aos planos definir os regimes de edificabilidade, sendo a eles que compete estabelecer os limites às ampliações e às alterações dos edifícios[4].

iii. Note-se que os conceitos a que nos vimos referindo vêm assumindo novos recortes (e novo relevo) no âmbito da reabilitação urbana, tendo esses novos recortes como finalidade, expressamente confessada pelo próprio legislador, incentivar a reabilitação dos edifícios por via da

---

[4] Em alguns instrumentos de planeamento temos encontrado conceitos não totalmente coincidentes com os referidos no texto, sendo frequente, em áreas sujeitas a regimes especiais de proteção, a admissibilidade de intervenções destinadas à *recuperação de edifícios*. Temos entendido que estes instrumentos assumem conceitos que têm em conta a complexidade das intervenções a que nos referimos, não sendo sua intenção afastar qualquer delas (incluindo algumas ampliações): desde que se trate de uma intervenção sobre uma preexistência que vise recuperar (reaproveitar) a sua utilização, estaremos perante uma recuperação do edifício, ainda que o modifique para o adaptar a novas exigências/valências (por exemplo, turística).

concessão de benefícios, quer em termos de *"ganhos de edificabilidade"*[5], quer de definição de regimes especiais para a intervenção (especialmente se esta estiver associada a uma área de reabilitação urbana). Veja-se, a propósito destes regimes especiais, o regime da garantia do existente: se, no âmbito do artigo 60º do RJUE, este regime se aplica a obras de *alteração* e de *reconstrução*, no pressuposto de que ambas *não agravam a desconformidade existente*, no âmbito do Regime Jurídico da Reabilitação Urbana esta garantia assume os contornos específicos desenhados nos seus artigos 4º, alínea *h)*, e 51º. Assim, para além de abarcar a possibilidade de *ampliação* quando da realização das obras de reabilitação resulte uma melhoria das condições de desempenho e segurança funcional, estrutural e construtiva da edificação (o que sucede por regra), esta garantia pode mesmo aplicar-se *às obras de nova construção que visem a substituição de edifícios previamente existentes*, o que a torna uma cláusula de grande valor no âmbito da reabilitação urbana, mas também, acentuamo-lo, uma cláusula com efeitos imprevisíveis e que, por isso, deve ser mobilizada com as devidas cautela e fundamentação.

iv. Do afirmado nos pontos anteriores resulta a existência, na atualidade, de uma cada vez maior complexidade das intervenções edificativas que podem ser levadas a cabo sobre edifícios existentes, com a dificuldade associada, na maior parte das vezes, de se conseguir reconduzir uma certa intervenção a uma das operações urbanísticas a que se refere o RJUE. Quase sempre (ou cada vez mais) a intervenção (que é só uma) tem características (ou mistura) de várias operações como tal identificadas no artigo 2º daquele regime jurídico[6].

---

[5] É essa a justificação dada no preâmbulo do Decreto-Lei nº 136/2014, de 9 de setembro, quando justifica um novo conceito de reconstrução que permite *"ganhos"* traduzidos no aumento da fachada ou do número de pisos (logo, também da área de construção), por visar incentivar e dar um novo fôlego à reabilitação urbana. E é também para não agravar os encargos da reabilitação que foi aprovado o Regime Excecional e Temporário de Reabilitação Urbana (Decreto-Lei nº 53/2014, de 8 de abril), que permite, presentes que estejam determinadas circunstâncias, a dispensa de cumprimento de certas exigências técnicas cuja observância seria normalmente obrigatória na intervenção edificativa.

[6] Por isso afirmamos o seguinte em *Regime Jurídico da Urbanização e Edificação. Comentado, cit.*, p. 99: *"cada vez mais as intervenções edificatórias têm características mistas e, portanto, não fechadas apenas a cada uma das operações referidas. O que apela para a necessidade de uma maior flexibilidade dos municípios no momento de qualificar (e decidir sobre) uma determinada intervenção".*

CONSTRUÇÃO NOVA *VERSUS* INTERVENÇÃO EM EDIFICAÇÕES EXISTENTES:

Terá, assim, de se ter presente que o facto de existir a demolição de um edifício preexistente não significa que a intervenção que se siga corresponda necessariamente a uma *nova construção*. Com efeito, mesmo que o interessado pretenda proceder à demolição total do edifício, tal facto não afasta a qualificação da operação como obra de reconstrução se no *"novo edifício"* for reconstituída a *estrutura das fachadas* do "edifício" anterior[7].

Por seu lado, se for possível afirmar que a intervenção parte, efetivamente, de uma intervenção de um edifício preexistente, terá de se concluir não estarmos perante uma nova edificação: se se mantiver a estrutura das fachadas (ainda que aumentando-as ou o número de pisos), estaremos perante uma obra de *reconstrução*; se se modificarem as características físicas do edifício preexistente (quer na sua configuração interna quer externa) estaremos perante uma *obra de alteração*, a não ser que se aumente a área de implantação, o volume da edificação existente, a área total de construção e a altura da fachada (quanto a estas duas últimas, desde que não possam ser reconduzidas ao conceito de obras de reconstrução nos termos antes referidos), já que neste último caso estaremos perante uma *obra de ampliação*.

E note-se, relativamente, por exemplo, à *implantação do edifício*, o que o legislador determina, para que a intervenção possa qualificar-se como de ampliação, é que exista, comparativamente com o edifício anterior, um *aumento* da sua área e não já uma *diminuição* desta ou uma sua *mera modificação*, como sucede, por exemplo, quando o novo edifício, assentando, em parte, no edifício original, não tiver uma implantação completamente coincidente com ele (mantendo, porém, ou diminuindo a *área* de implantação). Neste caso, o que se verifica é uma *modificação das características físicas do edificado* (uma modificação da implantação) que, nos termos da alínea *d)* do artigo 2º, se configura como uma obra de alteração.

Coincidente com este entendimento (ou indo, inclusive, mais longe por entender que podemos estar perante obras de reconstrução), citamos aqui um despacho do Ministério Público [de arquivamento de um

---

[7] O legislador devia ter definido, e não o fez, a estrutura da fachada, conceito central da definição de obras de reconstrução. Preferencialmente, não havendo consenso técnico, deve este conceito ser determinado em regulamento municipal para garantir um entendimento uniforme dos serviços.

processo administrativo instaurado com base na exposição apresentada pela Inspeção-Geral da Agricultura, do Mar, do Ambiente e do Ordenamento do Território (IGAMAOT) no âmbito de uma ação inspetiva realizada à Comissão de Coordenação e Desenvolvimento Regional (CCDR) Algarve em matéria do regime da Reserva Ecológica Nacional (REN)] no qual se discutiu a possibilidade de *deslocação* da implantação de parte da obra (parte antiga que foi demolida e essa parte acrescentada à outra construção no mesmo prédio), questão que, segundo o Ministério Público, tem relevo em zonas nas quais são proibidas novas construções mas permitidas reconstruções de obras existentes. De acordo com o mencionado despacho, tomando como referência um conjunto de processos onde se adotou o mesmo entendimento, *"não poderíamos adotar uma interpretação restritiva, que proibisse qualquer deslocação, tanto mais que grande parte dessas casas tinham sido construídas há cerca de 50 ou mais anos, cujos padrões de construção nada tinham a ver com os atuais"*, justificando-se, precisamente para o cumprimento de novas exigências e padrões, a *"deslocação, mantendo-se a mesma área de impermeabilização"*.

Concluía a este propósito o Ministério Público que, «*tal como se tem entendido noutros casos idênticos, consideramos ser razoável e admissível que seja permitida a "deslocalização", ou seja, a demolição de parte da construção antiga e a sua reconstrução no mesmo prédio, desde que justificada e sejam respeitados os condicionalismos e limites permitidos*». Afirmando ainda que *"pensamos que os objetivos da lei ao proibir o aumento da construção naqueles terrenos foi respeitado, pois, como consta dos autos (...) os limites da área em construção foram respeitados"*.

Curiosamente, nesta situação o Ministério Público acabou por considerar que a implantação de um edifício *num local distinto do inicial* (com manutenção da área de construção inicial) correspondia a uma *reconstrução* e não a uma *alteração*, o que, contudo, para efeitos do regime da garantia do existente é indiferente porque ambas ficam salvaguardadas por ele. Com efeito, este regime especial consagrado no artigo 60º do RJUE não se aplica quando a intervenção seja qualificada:

(a) como uma *nova construção*, o que não acontece quando a pretensão incide sobre um edifício preexistente, ainda que modificando as suas características físicas;

(b) como uma *obra de ampliação*, por implicar, comparativamente com a situação anterior, uma aumento da *área* de implantação, de construção, da altura da fachada ou do volume da edificação.

CONSTRUÇÃO NOVA *VERSUS* INTERVENÇÃO EM EDIFICAÇÕES EXISTENTES:

Mas já são salvaguardadas por este regime intervenções que possam ser qualificadas como *obras de alteração*, as quais, por não implicarem aumento de certos parâmetros comparativamente com a situação anterior, não agravam a desconformidade já existente, ainda que modifiquem as características físicas do anterior edifício. Bem como as obras de *reconstrução* desde que não agravem a desconformidade (portanto, não impliquem aumento da altura da fachada ou do número de pisos).

2
Legalização de um edifício erigido num lote cuja licença inicial foi declarada nula por violação do loteamento

Serve o presente texto para, de forma tópica, apontar os passos que devem ser dados por uma câmara municipal, detetada que seja a nulidade da licença de construção de um edifício por desconformidade com as prescrições do alvará de loteamento em vigor naquela área (desconformidade com as prescrições previstas para o respetivo lote)[8]. Tomar-se-á por referência uma situação concreta que nos foi dada a analisar, na qual, para além desta desconformidade, a obra não havia também cumprido integralmente a licença emanada (obras em desconformidade com a licença emitida e, segundo supomos, com as prescrições constantes do alvará).

Refira-se, antes do mais, que estando em causa a desconformidade com o alvará de loteamento, e pretendendo-se manter a situação de facto (a obra erigida), não a modificando para se adequar às regras em vigor (as prescrições do alvará de loteamento), a única via que permitirá regularizar (legalizar) aquela situação de facto é a alteração das refe-

---

[8] Partimos aqui da hipótese de estarmos perante uma licença, o que, como se sabe, não é hoje a regra para as construções a erigir em lotes resultantes de operações de loteamento. Nestes casos, o procedimento a desencadear é o de comunicação prévia, a não ser que o interessado, ao abrigo do artigo 4º, nº 6, do RJUE, opte pelo licenciamento.

ESCRITOS PRÁTICOS DE DIREITO DO URBANISMO

ridas regras, isto é, a alteração do loteamento por forma a que as prescrições para o lote em causa passem a coincidir com a edificação erigida.

Esta alteração, por se tratar de um novo ato (ainda que incidindo sobre um ato anterior), terá de se conformar com os instrumentos de gestão territorial em vigor no momento da decisão sobre a alteração, devendo, ademais, dar-se cumprimento às restantes exigências constantes do artigo 27º do RJUE.

Note-se, a este propósito, que, nos termos deste regime, uma licença de loteamento apenas pode ser alterada ou *por iniciativa dos interessados* (artigo 27º) ou *por iniciativa da câmara* (artigo 48º), mas, neste caso, apenas e somente para execução de um instrumento de ordenamento entrado em vigor em momento posterior ao licenciamento do loteamento urbano e que obrigue àquela alteração.

Não estando, no caso, verificada esta segunda situação, é, efetivamente, ao abrigo do artigo 27º que a alteração ao loteamento tem de ser promovida, isto é, por iniciativa do interessado e cumprindo as demais exigências a que se refere este normativo.

É certo que sendo a responsabilidade pela nulidade da licença imputável à câmara municipal, devia ser esta, e não os interessados, a desencadear o referido procedimento. No entanto, é preciso não esquecer que o titular da licença nula também tem interesse na legalização da obra e que não há outra via, do ponto de vista do RJUE, atentas, inclusive, as regras de legitimidade, para que a alteração ao loteamento seja promovida.

Coisa diferente é saber a quem imputar os encargos que decorrem desta alteração, como veremos mais adiante.

Na sequência da alteração ao loteamento deve proceder-se à legalização das operações urbanísticas realizadas: neste caso, alterado o loteamento, terá de ser desencadeado um procedimento com vista à legalização da obra erigida e da autorização de utilização já emitida – uma vez que a licença de obras e a autorização de utilização são nulas por desconformidade com o loteamento, outra solução não há para regularizar a situação.

Em todo o caso, entendemos que nesta situação, e na medida em que existem já, nos serviços municipais, todos os elementos (e projetos) relativos à obra em causa e à sua utilização (usados, precisamente, no procedimento que deu origem à emissão da licença nula), podem os mesmos ser aproveitados para a emissão do novo ato, devendo o interessado juntar apenas os projetos de alteração que efetuou em obra. Com todos estes elementos (projetos já existentes e projetos de alteração), os órgãos competentes emitem *novos atos de licenciamento.*

A solução pode ser diferente, e mais simples, se for atribuída à alteração do loteamento eficácia retroativa, o que poderá resultar de uma disposição explícita nesse sentido ou, implicitamente, do facto de a alteração refletir de um modo inequívoco uma motivação regularizadora[9]. O carácter retroativo tem como efeito a substituição, no momento em que o ato foi praticado, da regra então existente pela nova regra: é como se a nova regra estivesse em vigor desde aquele momento[10].

No que concerne às taxas ou outros encargos que seja necessário cumprir com a alteração ao loteamento, ainda que esta alteração tenha de ser, como referido *supra*, desencadeada pelos interessados, até por uma questão de legitimidade, tal não significa que os encargos dela decorrentes tenham de ficar a cargo destes.

Com efeito, ainda que a obtenção de novos atos, que legalizem as operações urbanísticas, determinem o pagamento de novas taxas municipais, tal deve ser considerado um prejuízo indemnizável para efeitos do nº 1 do artigo 70º do RJUE.

E nada impede que a indemnização seja atribuída por compensação de créditos: o valor que o interessado teria de pagar de taxas e o valor que o município teria de pagar de indemnização pelos danos provocados aos interessados por força da nulidade, concretamente, os danos

---

[9] A ideia de que à alteração normativa deve ser reconhecida uma eficácia retroativa quando dela resulte uma intenção de legalizar as operações realizadas em desconformidade com as normas primitivas parece ter sido acolhida no Acórdão do Supremo Tribunal Administrativo (STA) (1ª secção) de 21 de fevereiro de 1996, rec. 37 773 (inédito), segundo o qual "... *a alteração de pormenor do Plano de Urbanização da Costa do Sol (....), por forma a nele ser incluída certa edificação entretanto construída, afasta a eventual nulidade do anterior ato camarário de licenciamento daquela obra, com base na, ao tempo, desconformidade da mesma com aquele Plano antes da sua aludida alteração*".

[10] Cfr. J.-M. AUBY, "L'Influence du Changement des Circonstances sur la Validité des Actes Administratifs Unilateraux", in *Revue de Droit Public et de la Science Politique*, ano 65, p. 448, citado por PEDRO GONÇALVES e FERNANDA PAULA OLIVEIRA, "O regime da nulidade dos actos administrativos que investem o particular no poder de realizar operações urbanísticas", in *Revista do Centro de Estudos de Direito do Ordenamento, do Urbanismo e do Ambiente (RevCEDOUA)*, nº 4, Ano II_2.99, p. 15-32, Coimbra Editora.

ESCRITOS PRÁTICOS DE DIREITO DO URBANISMO

que decorrem das despesas com vista à legalização da operação, que não teriam de ser assumidas se o ato tivesse sido válido. Neste caso, eventualmente, justificar-se-ia o pagamento de taxas pelas alterações feitas ao projeto por iniciativa do interessado e que são legalizadas pela via exposta.

3
Legalização na sequência da declaração judicial de nulidade

i. Um determinado município foi notificado pelo Tribunal Administrativo e Fiscal para *executar a sentença de declaração de nulidade de uma licença de obras de edificação* ou deduzir oposição invocando a existência de causa legítima de inexecução da mesma.

Estava este município ciente, desde que havia sido notificado da sentença que havia declarado a nulidade da licença, que:

(i) com a declaração de nulidade o edifício em causa ficou desprovido de título;

(ii) nos termos da legislação em vigor a demolição do edifício é sempre uma medida de *ultima ratio*;

(iii) depois das mais recentes alterações ao RJUE foi incluída expressamente, de entre as ilegalidades que justificam o desencadeamento das medidas de reposição de legalidade, a situação da operação urbanística realizada ao abrigo de ato de controlo prévio declarado nulo.

À data da notificação para a *execução da sentença*, o plano de urbanização em vigor naquela área encontrava-se em processo de revisão, numa fase já adiantada: final da fase de discussão pública.

ESCRITOS PRÁTICOS DE DIREITO DO URBANISMO

E apesar de no projeto de plano colocado a discussão pública se manter a solução constante da versão ainda em vigor quanto à exigência de lugares de estacionamento – exigência, precisamente, cuja violação havia determinado a nulidade da licença de construção –, a verdade é que no decurso desta fase haviam surgido várias participações que alertavam para a extrema dificuldade de, em área de tecido urbano consolidado (como era o caso), se manter a referida exigência para novos edifícios que viessem a ser erigidos. Exigência tão mais gravosa tendo em conta o facto, segundo aquelas participações, de ser intenção declarada da câmara municipal promover nestas áreas (e incentivar os proprietários a promover) a reabilitação dos seus edifícios (por estas áreas terem sido delimitadas como *área de reabilitação urbana* ao abrigo do regime jurídico pertinente), reabilitação essa que podia (e devia, mesmo, em determinadas circunstâncias, como prevê aquele regime) passar pela substituição de edifícios preexistentes por outros, mais adequados do ponto de vista funcional (isto é, mais adequados às funções que neles se pretendem levar a cabo). Ora, a exigência de criação de lugares de estacionamento numa área tão consolidada, com prédios com uma dimensão mais reduzida, manifesta-se, quase sempre, como desproporcional e até desaconselhável por razões de economia e funcionalidade interna, desincentivando a pretendida intervenção reabilitadora nos edifícios.

Na data da notificação do Tribunal para execução da sentença os serviços encontravam-se a ponderar as várias intervenções apresentadas em sede de discussão pública, incluindo as referentes aos lugares de estacionamento. E quanto a estas a referida ponderação apontava já, pelos motivos referidos, para o seu acolhimento, o que, a ocorrer, permitiria a legalização do edifício em causa.

Refira-se, a este propósito, que nada havia (nem há), do ponto de vista legal ou regulamentar, que impedisse a opção de dispensa de lugares de estacionamento como resultado da discussão pública, sendo a mesma perfeitamente possível, atentas as novas circunstâncias de interesse público que assim o exigem.

Não obstante este facto, a verdade é que a fase de discussão pública ainda não havia chegado ao fim, prevendo a lei que esta apenas termina quando seja elaborado o relatório de ponderação onde se plasmem todas as participações acolhidas e a ponderação que delas foi feita e se determine, como resultado dessa ponderação, o seu acolhimento (ou não) no plano a ser aprovado pela assembleia municipal[11].

Tal não significa, porém, que não possa ser dada por realizada a ponderação das participações mesmo antes do *terminus* desta fase: com efeito, uma coisa é essa *ponderação*, outra, diferente, é a sua *plasmação* em relatório. Este relatório corresponde, efetivamente, e apenas, ao documento onde aquela ponderação deve ser traduzida por forma a fundamentar as soluções plasmadas no plano (quer as que se mantenham, se a ponderação tiver sido nesse sentido, quer as que sejam alteradas, se a ponderação assim o apontar), mas não deve confundir-se com a ponderação propriamente dita, que pode perfeitamente ser feita parcelarmente e em função dos assuntos que por aquelas participações são trazidos.

Ora, da ponderação técnica que já havia sido efetuada das participações que, em sede de discussão pública, se referiam à questão que aqui nos prende (lugares de estacionamento), concluía-se que a solução a acolher no plano seria a da sua dispensa nas referidas áreas. Solução que tornava possível a legalização do edifício em causa sem necessidade de qualquer intervenção modificativa no mesmo.

Note-se que nada impede que esta ponderação técnica (parcelar) seja imediatamente assumida pelo órgão competente pela revisão do plano (a câmara municipal). É certo que esta ponderação é aprovada, por regra, apenas após o *terminus* da fase de discussão pública (isto é, depois de elaborado o respetivo relatório de ponderação), até por uma questão de economia procedimental (para impedir que estejam sucessivamente a ser levadas à câmara municipal ponderações parcelares das participações feitas em sede de discussão pública). Nada impede, porém, esta ponderação parcelar, que se apresenta, até, como mais favorável à discussão das soluções por parte do órgão competente pela elaboração daquele relatório.

E esta solução – de ponderação antecipada – tinha até justificação acrescida no caso em apreço, por estar a correr um prazo judicial para a execução de uma sentença que havia declarado nula a licença por falta de lugares de estacionamento (e que tinha como consequência, não os

---

[11] Note-se que, no caso, estando em causa um plano de urbanização, após a discussão pública faltava apenas, para que aquele instrumento adquirisse plena vigência, a sua aprovação pela assembleia municipal sob proposta da câmara e a sua publicação no *Diário da República*, pelo que no máximo em três meses o "novo" plano estaria em vigor.

conseguindo cumprir, a sua demolição): em causa estava, precisamente, ponderar se a solução de planeamento podia modificar-se, afastando, assim, a ilegalidade que fundamentou a declaração de nulidade e, deste modo, permitir a manutenção do edifício erigido[12].

As observações feitas até ao momento permitem perceber que a demolição do edifício em causa, atentas as circunstâncias referidas, se apresentava como uma solução radical (desproporcionada), importando a destruição de um bem com valor económico e que, com exceção dos lugares de estacionamento (no caso, apenas dois) – exigência que ia deixar de existir –, estava perfeitamente adequado à função a que se destinava e em boas condições de habitabilidade.

ii. Feito este enquadramento, não podemos deixar de referir uma questão que se coloca amiúde a propósito da demolição de edifícios ilegais. Alguns municípios têm questionado se, tendo ordenado a demolição destes edifícios, podem suspender tais ordens (ou até a sua execução, se esta já tiver sido determinada) sempre que iniciam o procedimento de revisão dos seus planos perspetivando-se que essa revisão possa vir a permitir a legalização.

Naturalmente, temos presente a total diferença entre esta situações – em que estão em causa ordens administrativas de demolição – e aquela que referimos no ponto anterior – em que está em causa uma decisão judicial de demolição em execução de uma sentença que declarou nulo um ato administrativo de licenciamento. Porém, ainda que as duas

---

[12] Entendemos que a deliberação de ponderação antecipada desta solução pela câmara municipal deve ser feita nestes termos:

1. *Considerando a decisão judicial que determina a declaração de nulidade e a consequente demolição do edifício;*

2. *Considerando também que decorre atualmente o período de discussão pública do plano de urbanização X, e que, neste âmbito, deram entrada várias sugestões de introdução de normas regulamentares que isentam a previsão de estacionamento privado no tecido urbano consolidado;*

3. *Considerando a avaliação técnica já feita que aponta não apenas para a possibilidade como para a adequação no caso de se alterarem as regras de estacionamento na área em causa tendo em conta, inclusive, o facto de se terem delimitado para a zona áreas de reabilitação urbana com vista à sua regeneração, que a exigência de lugares de estacionamento pode inviabilizar ou tornar mais difícil.*

A Câmara Municipal desde já aceita a ponderação técnica feita no sentido de acolher essas sugestões de introdução de normas regulamentares no plano de urbanização em processo de revisão, por entender serem as mesmas oportunas e pertinentes. (Em anexo a esta deliberação deve constar a ponderação técnica que aponta no sentido do acolhimento daquelas soluções.)

situações sejam manifestamente distintas, está em causa, substancialmente, o mesmo problema: a demolição de um edifício que pode vir a ser legalizado.

À questão colocada pelos referidos municípios temos dito que a suspensão apenas se justifica nas situações em que a operação urbanística ilegal se encontra *em vias de ser regularizada* (porque, por exemplo, à data da ordem de demolição ou da sua execução já está em fase adiantada de elaboração um instrumento de planeamento que admite aquela operação, permitindo a sua regularização). É certo que, por força do princípio *tempus regit actum*, não estando nesse momento em vigor o novo instrumento de planeamento que admita a operação ilegalmente realizada, está afastada, à partida, a possibilidade de praticar o ato de legalização[13]. Mas, sendo, a essa data, *expectável* a legalização daquelas operações – precisamente por, no instrumento de planeamento em preparação, as mesmas passarem a ser admitidas –, deve permitir-se a *manutenção provisória do edificado e dos usos nele instalados*[14], de modo a evitar a afetação desproporcional da esfera jurídica dos particulares[15].

Sempre se poderia afirmar, é certo, que não há nenhuma garantia – precisamente porque o procedimento de planeamento é um procedimento de ponderação de interesses que apenas fica concluído com a aprovação do plano – de que as operações ilegais venham a ser efetivamente regularizadas pela via do plano em elaboração.

No entanto, o que aqui se pretende não é permitir desde logo – isto, é, sem que (ou antes que) o plano regularizador daquelas situações entre em vigor – a sua legalização, mas apenas e tão-só, em nome dos princípios da proporcionalidade e da exigibilidade – que apontam no sentido de que a ordem de demolição se deve posicionar como uma medida de *ultima ratio* –, não adotar esta medida (ou não obrigar à sua execução,

---

[13] Dizemos à partida, porque não afastamos, em certas circunstâncias e mediante o preenchimento de determinados requisitos, a possibilidade de serem emanados atos permissivos em desconformidade com o plano em vigor nesse momento, mas em conformidade com o que está em vias de se tornar eficaz, aos quais são reconhecidos efeitos meramente precários. Neste sentido, cfr. *Nulidades Urbanísticas. Casos e Coisas*, Coimbra, Almedina, 2011, pp. 122 e segs.

[14] E isto será assim ainda que a situação ilegal tenha na sua base um ato nulo.

[15] Note-se que o Decreto-Lei nº 804/76, de 6 de novembro, alterado pelo Decreto-Lei nº 90/77, de 9 de março, atinente às áreas de construção clandestina, previa já a manutenção temporária de obras ilegais.

se ela já tiver sido ordenada) quando estejam em causa operações que seja *expectável* virem a ser permitidas a breve trecho pelos instrumentos de planeamento em elaboração.

O que acabamos de afirmar merece, porém, algumas precisões de modo a que não se alcance, pela via proposta, soluções em manifesto desacerto com os princípios jurídicos que enformam a atividade administrativa.

Assim, e desde logo, terá de ser possível fundamentar, no momento da suspensão do procedimento (ou da suspensão ou prorrogação do prazo para a execução da demolição, se esta já tiver sido ordenada), que o futuro plano permitirá a sua legalização, o que pressupõe que este se encontre numa fase procedimental em que seja possível a formulação deste tipo de juízo. Não é, assim, na maior parte das vezes, suficiente que o início do procedimento de planeamento tenha apenas sido deliberado[16], sendo necessário que decorra já, com algum grau de precisão, das opções nele constantes ou do procedimento de ponderação feito que a operação será regularizável (apenas desta forma se podendo afirmar que a referida legalização é *expectável* e, por isso, deve ser evitada a demolição).

Tal significa, em segundo lugar, que deve ser afastada uma decisão genérica de suspensão de todos os procedimentos tendentes à demolição (ou à suspensão genérica ou prorrogação imediata de todas as ordens de demolição já determinadas). Pelo contrário, terá de fazer-se um levantamento de todos os casos que estejam nestas condições e uma avaliação da sua conformidade (ou não) com as normas do futuro plano, de modo a aferir (e fundamentar) o grau de expectativa da sua regularização em face das normas do plano.

Assim, os procedimentos suspensos (ou as execuções de demolição prorrogadas ou suspensas) devem ser apenas aqueles em relação aos quais se tenha já concluído com suficiente segurança pela possibilidade de virem a ser legalizadas as operações urbanísticas em causa e, por isso, pela desnecessidade de demolição. Apenas deste modo será possível fundamentar no princípio da proporcionalidade uma medida deste tipo.

---

[16] A não ser que o motivo da elaboração do plano tenha sido, precisamente, a regularização da situação ilegal, como já defendemos poder acontecer, ainda que com respeito por um conjunto de limitações – cfr. o nosso *Nulidades Urbanísticas. Casos e Coisas, cit.*, pp. 114 e segs. Ou seja, daqueles casos em que consta expressamente dos termos de referência dos planos a necessidade de ponderação de todas as situações ilegalmente existentes na área de intervenção do plano com vista à ponderação da sua eventual legalização.

LEGALIZAÇÃO NA SEQUÊNCIA DA DECLARAÇÃO JUDICIAL DA NULIDADE

O que significa que a análise criteriosa das operações que podem ser total ou parcialmente legalizadas e daquelas que devem mesmo ser demolidas terá de ser feita em momento anterior à decisão de suspensão dos procedimentos e não num momento posterior.

Tendo em conta o que afirmamos, podemos concluir que, com as devidas diferenças entre uma ordem de demolição administrativa e uma ordem de demolição judicial – que são, sabemo-lo, muitas –, não vemos que substancialmente a solução deva ser diferente no segundo caso da que apontamos nas linhas anteriores para o primeiro.

iii. Outro ponto para o qual queremos chamar a atenção prende-se com o facto – expressamente invocado no caso que aqui tratamos pela Ex.ma Senhora Procuradora da República para impelir à execução da sentença – de o ato que permite expurgar as ilegalidades ainda não ter sido praticado, *"nem se sabe quando virá a sê-lo"*, por tal ato de legalização *não depender da vontade* (ou apenas da vontade) *do município,* mas dos contrainteressados particulares, que, para o efeito, haverão de formular a respetiva pretensão sem a qual o município nada poderá decidir a este propósito.

E, note-se, somos expressamente citadas nessa argumentação quando escrevemos que *"a legalização das operações urbanísticas, nos casos em que depende de apreciação do projeto, não exime que o interessado na legalização o apresente, já que a Administração não se lhe pode substituir"*, correspondendo a legalização das obras a *"um ónus dos interessados, devendo estes desencadear os procedimentos tendentes à legalização das operações urbanísticas ilegais ou responder ao repto lançado pela Administração nesse sentido"*.

O que então afirmamos (e vem citado) assim é, em regra. Temos tido, porém, oportunidade de perceber que o que aqui afirmamos vale na íntegra apenas nas situações em que são os próprios interessados os "causadores" da ilegalidade que exige legalização. Ou seja, esta é a única solução para todas aquelas situações em que a ilegalidade resulta de a operação ter sido realizada pelo particular sem ter obtido o ato de controlo preventivo exigido por lei ou a ter realizado em desconformidade com este ato.

Mais complexas são as situações em que a causa da ilegalidade não lhes é de todo imputável, mas à própria Administração, como sucede quando a ilegalidade da operação resulta de o ato com base na qual ela foi concretizada ter sido anulado ou declarado nulo. Nestas situações, em bom rigor, tirando situações de má-fé dos interessados, que, em todo o caso, terá de ser provada, a ilegalidade da operação não é imputada ao interessado mas à Administração, que tem aqui um dever acrescido de reposição da legalidade de uma forma que, satisfazendo o interesse público que foi violado com o ato nulo, não coloque em causa, de modo desproporcional, interesses privados (desde logo dos titulares de direitos sobre o prédio) e outros interesses públicos (por exemplo, do próprio erário público, que pode ser posto em causa com o pagamento de indemnizações aos lesados).

Ora, tem de ser da ponderação destes interesses públicos (principalmente quando é possível concluir que o interesse que foi posto em causa com o ato nulo já não existe) que tem de resultar a solução para cada situação.

Na nossa ótica, queremos deixar aqui bem claro, choca-nos que se afirme que nada impede a execução da demolição porque os contrainteressados serão indemnizados: não só a indemnização não afasta todas as consequências lesivas decorrentes da demolição (pense-se na privação da sua habitação com todas as consequências, incluindo morais, que daí advêm) como, principalmente, não percebemos, nos tempos de crise que se atravessam e com as dificuldades económicas do país em geral e dos municípios em particular, que se possa defender que estes vacacionem os seus recursos financeiros, tão necessários para a prossecução dos mais variados interesses públicos prementes, para indemnizar os danos decorrentes da demolição de edifícios que se perspetiva, a curto prazo, poderem subsistir na ordem jurídica em plena conformidade com ela.

A este propósito, temos já afirmado que as legalizações de obras cuja ilegalidade resulta de factos imputados à Administração não podem ser tratadas da mesma forma que as legalizações em que foram os interessados que deram causa a tais factos. E é precisamente a propósito da legitimidade para se iniciar o procedimento de legalização que as questões mais se têm colocado.

Citamos aqui o que também defendemos num parecer que nos foi pedido pelo Município do Porto no âmbito da legalização do edifício do Shopping do Bom Sucesso na sequência da declaração de nulidade do ato que o licenciou e não obstante existir decisão judicial, em sede de execução de sentença, que determina a sua demolição (ainda que, como aí se afirma, tal demolição não tenha de ser concretizada se a construção puder ser legalizada). Precisamente, no âmbito do processo de legalização colocou-se a questão da legitimidade tendo em conta que muitas vezes os interessados (ou todos os interessados, quando são vários) não desencadeiam os procedimentos de legalização, não impedindo, assim, a demolição e "empurrando" a Administração para a sua concretização e para o pagamento de indemnizações. A este propósito, defendemos o seguinte:

> «*No caso em apreço, a legalização do edifício passa por conferir ao mesmo um título para a sua construção: por ter sido declarada a nulidade da respetiva licença, o referido edifício está dela desprovido, devendo por isso, para ser regularizado, obter uma nova.*
>
> *Esta situação não é diversa das situações de ilegalidade por falta de obtenção, pelo interessado, da licença de construção, a não ser, o que é relevante, no facto de neste último caso a ilegalidade ser imputada exclusivamente ao interessado, enquanto no primeiro não puder deixar de ser imputada à Administração, por ter sido ela quem emanou o ato nulo ao abrigo do qual o edifício foi construído.*
>
> *Esta diferença não é despicienda já que, como julgamos óbvio, existirá nesta última situação, em especial quando existam terceiros lesados, um dever acrescido da Administração de legalização do edifício antes sequer de ponderar a via da demolição. (...)*
>
> *Na nossa ótica, como já temos vindo a defender, julgamos possível, em cumprimento de princípios relevantes de direito administrativo, como o da proporcionalidade e o da economia procedimental, que sejam feitas adaptações nos procedimentos de legalização já que o mesmo é desencadeado com vista não à sua construção inicial, mas à sua legalização. (...)*
>
> *No caso em apreço, uma questão que se coloca com particular acuidade é a da legitimidade para iniciar o procedimento de legalização: passando a legalização do presente edifício (que se sabe já ser tecnicamente possível, ainda que com algumas alterações e cumpridas que sejam certas condições) pelo desencadeamento de um procedimento de licenciamento e sendo este um procedimento de iniciativa particular e não oficiosa, poderia ter de se concluir que tal procedimento só pode ter início verificado que esteja este pressuposto procedimental. Estando em causa, como se sabe estar na presente situação, um número elevado de interessados e a dificuldade de estes se articularem num procedimento deste tipo, esta exigência poderá ditar a impossibilidade de legalização, com*

ESCRITOS PRÁTICOS DE DIREITO DO URBANISMO

a sua consequente demolição (por ter sido determinada por ordem judicial) quando o mesmo cumpre já (ou está em vias de cumprir) todas as exigências materiais que permitem a sua manutenção.

Ora, na nossa ótica, a legitimidade é, precisamente, uma das típicas exigências procedimentais que, dadas as especificidades do caso, justificam o seu afastamento. A especificidade está no facto de nesta situação se impor à Administração um dever acrescido de legalização na medida em que a ilegalidade do edifício decorreu de um ato que ela própria praticou. Não se trata, de facto, de uma situação em que a ilegalidade é alheia ao município – como sucede nos casos em que esta é totalmente imputada ao interessado, por ter construído sem ter desencadeado o correspetivo procedimento de controlo preventivo –, mas de uma situação em que o próprio município, ainda que do ponto de vista civil a responsabilidade possa não lhe ser totalmente imputada, está na base da ilegalidade, por ter sido ele que praticou o ato que veio a ser declarado nulo, deixando o edifício desprovido de título. Se na primeira situação se justifica que o dever de legalizar recaia (ou possa recair) exclusivamente sobre o interessado (é ele que deve evitar a demolição desencadeando o correspetivo procedimento de legalização), já na segunda há um dever acrescido da Administração em desencadear este procedimento regularizador. O que não há de significar que os órgãos municipais competentes possam proceder à legalização completamente à margem dos interessados, mas que devem poder lançar mão de vias que lhes permitam superar dificuldades decorrentes do facto, como é patente no presente caso, de estar em causa um número tão elevado de interessados que dificilmente se conseguirá dar cumprimento às exigências da legitimação.

Admitimos, até, num caso como este, que o procedimento de legalização possa ser da iniciativa do próprio município, ainda que se concerte com alguns dos interessados. Nesse sentido parece apontar também o Acórdão do Tribunal Administrativo e Fiscal do Porto emitido em sede de execução de sentença ao afirmar que a legalização não decorre diretamente da entrada em vigor do novo Plano Diretor Municipal, sendo necessário "fazer a devida correspondência entre a nova ordem e a realidade em apreço, situação que passa por eventual novo ato de licenciamento, a requerimento dos interessados ou *por iniciativa do requerido [realce nosso]*", *sendo que também o município é requerido neste processo.*

Refira-se que o deferimento do pedido de licenciamento com vista à legalização do imóvel sem que esteja cumprida a legitimidade não provoca qualquer vício naquele ato: como já tivemos oportunidade de afirmar, tendo em consi-

LEGALIZAÇÃO NA SEQUÊNCIA DA DECLARAÇÃO JUDICIAL DA NULIDADE

deração que as licenças de construção são emanadas sob reserva de terceiros, a falta de legitimidade determinará, quando muito, a ineficácia do ato perante o próprio titular do direito que confere legitimidade, no sentido de que tal ato não lhe pode ser imposto se com ele não concordar. Não nos parece, porém, no caso em apreço, porque está em causa a legalização do edifício, que os interessados se possam opor a esta legalização, tanto mais porque a mesma corresponde à única via alternativa para evitar a demolição».

iv. Não podemos deixar de referir, a terminar, que a lei permite hoje, expressamente, a possibilidade de *legalizações oficiosas*. Determina, de facto, o nº 8 do artigo 102º-A do RJUE que, *"[n]os casos em que os interessados não promovam as diligências necessárias à legalização voluntária das operações urbanísticas, a câmara municipal pode proceder oficiosamente à legalização"*. É certo que tal faculdade apenas pode ser exercida quando esteja em causa a legalização de obras cuja construção inicial não implique cálculos de estabilidade, o que não é o caso. Terá de se procurar, porém, para interpretar esta norma, perceber qual a sua teleologia: estando a obra já realizada, a legalização oficiosa pressupõe que seja o município a assumir a responsabilidade pela estabilidade do edifício, o que, nas situações normais de legalização, deve ser afastado por ser impossível à Administração saber exatamente o que está executado; nestes casos a lei pretende que seja o interessado a assumir tal responsabilidade.

Ora, nos casos, como o presente, em que a ilegalidade resulta da declaração de nulidade de um ato de licenciamento – o que significa que a câmara é detentora de todos os projetos, incluindo o de estabilidade, daquela obra – e em que houve autorização de utilização (onde se confirmou que a obra foi executada de acordo com os projetos aprovados), a câmara não está a assumir, por sua conta e risco, qualquer responsabilidade acrescida porque detém todos os elementos que confirmam a estabilidade do edifício. E como, no caso, ultrapassada a questão dos estacionamentos, a legalização não pressupõe a realização de quaisquer outras obras, a legalização oficiosa prevista no nº 8 do artigo 102º-A tem, em nosso entender, plena aplicação.

Julgamos, pois, que não se aplica, no caso, a afirmação feita pela Ex.ma Senhora Procuradora, de que a legalização não depende da vontade do município: não só nesta situação a legalização depende exclusivamente da vontade do município, como este já demonstrou tê-la.

4
Suspensão do prazo de execução de operações urbanísticas por motivo de alteração do plano de pormenor aplicável às mesmas

1. O problema de partida

Por via do despacho conjunto dos Ministros do Planeamento e da Administração do Território e do Comércio e Turismo, publicado no *Diário da República*, um determinado empreendimento turístico obteve reconhecimento do seu *interesse público.*

Tal reconhecimento fundamentou-se no facto de o empreendimento em causa visar a promoção e o desenvolvimento da atividade turística de carácter não estritamente sazonal no concelho onde se pretendia instalar (situado no litoral sul), com a consequente potenciação das atividades industriais e comerciais conexas, propondo, inclusivamente, a criação de postos de trabalho que permitirão a contratação de 600 pessoas, 400 das quais com carácter permanente.

Estas características (bem como o reconhecimento do projeto como *projeto estruturante,* em 2004, e como *projeto de interesse nacional,* em 2006) evidenciavam a dimensão económica e o consequente reflexo positivo que o referido empreendimento ia gerar para a economia da região e, em particular, para o município em referência.

Além de reconhecer o interesse público do empreendimento, o despacho conjunto referia ainda que o empreendimento deveria ser enqua-

ESCRITOS PRÁTICOS DE DIREITO DO URBANISMO

drado por plano de pormenor, o qual foi elaborado, aprovado e publicado em *Diário da República*, tendo sido alterado por duas vezes.

Encontra-se atualmente em análise camarária uma terceira alteração ao plano de pormenor, a qual implicará *(i)* a supressão das caves nos edifícios a construir no aldeamento turístico e a correção de implantações e cotas de soleira de alguns edifícios; *(ii)* a criação de nova bolsa de estacionamentos para servir todo o empreendimento; *(iii)* a relocalização do edifício de manutenção previsto construir no lote do campo de golfe; *(iv)* a previsão da ligação de uma avenida municipal às urbanizações existentes a poente; *(v)* a redefinição dos acessos pedonais à praia e de outros acessos pedonais e viários aos lotes; *(vi)* a redistribuição das áreas de construção das infraestruturas de uso comum do empreendimento.

Tal alteração terá, todavia, implicações no desenvolvimento dos projetos de infraestruturas que estão a ser desenvolvidos à luz do alvará de loteamento emitido pela câmara municipal, que fixou um prazo de 36 meses para conclusão das respetivas obras de urbanização[17], e dos projetos das obras de edificação nos lotes cujas comunicações prévias foram admitidas com prazos fixados para a respetiva execução: num e noutro caso, torna-se necessário alterar aqueles projetos para os adequar às alterações do plano de pormenor em curso de aprovação (se vierem a ser aprovadas)[18].

Em face do referido, levantaram-se ao interessado várias questões:

1ª O início do procedimento de alteração do plano de pormenor suspende, até à respetiva aprovação definitiva, o prazo de execução das obras de urbanização e demais operações urbanísticas?

2ª Caso tal não suceda, pode a autarquia, por sua iniciativa ou a requerimento do titular do alvará, promover uma suspensão desse prazo, por razões de conveniência ou de interesse público?

3ª Alternativamente, pode a autarquia abster-se de declarar a caducidade do alvará por as obras não terem sido concluídas no prazo fixado e, em caso afirmativo, que consequências tem essa omissão caso as comunicações prévias obrigatórias venham a ser apresentadas e executadas posteriormente, sem oposição camarária?

Estas são as questões que merecem a nossa reflexão no presente texto.

---

[17] Prazo entretanto prorrogado a solicitação do interessado.
[18] À data da análise desta questão estava em vigor a versão do RJUE segundo a qual a comunicação prévia podia ser rejeitada, equivalendo à sua admissão a não rejeição dentro do prazo.

SUSPENSÃO DO PRAZO DE EXECUÇÃO DE OPERAÇÕES URBANÍSTICAS

2. Da suspensão automática dos prazos de execução das operações urbanísticas e do seu reconhecimento pela câmara municipal

i. Como ponto prévio à nossa apreciação, cabe afirmar, desde logo, que os instrumentos de planeamento territorial, como um plano de pormenor, sendo instrumentos de intervenção pública, têm sempre de ser fundamentados em motivos de *interesse público*, isto é, em razões, designadamente urbanísticas, de ordem pública que se apresentem como favoráveis à referida elaboração.

Tal não significa, porém (é o que sempre defendemos)[19], que tais interesses sejam inconciliáveis com interesses privados ou que não possam com eles, até, coincidir. Precisamente porque não tem de existir uma necessária contradição ou um incontornável conflito entre interesses públicos e interesses privados, é possível que, por via dos planos municipais, possam também ser servidos interesses deste último tipo [o que acontecerá, por certo, em todas aquelas situações em que o plano tenha na sua base um *contrato para planeamento* ou em que, por seu intermédio, se viabiliza um determinado projeto privado assumidamente reconhecido como potenciador de interesses públicos relevantes (*planos referidos a projetos*)].

É o que se passa, por exemplo, quando, como é o caso aqui presente, o projeto privado em causa foi reconhecido, pelas entidades públicas com responsabilidades na defesa e tutela do interesse público, como um *projeto de interesse público* ou como um *projeto estruturante* ou, ainda, como um *projeto de interesse nacional*: ainda que nenhum destes reconhecimentos tivesse, por si só, como consequência imediata, o direito do promotor do projeto à elaboração de um plano que o viabilizasse – já que essa consequência decorre de uma necessária ponderação dos interesses em presença da responsabilidade da Administração –, não restam dúvidas que, no caso em apreço, tal ponderação foi devidamente efetuada, tendo as entidades competentes entendido, até, que a elaboração de um plano de pormenor seria a melhor forma de conciliar os interesses privados do promotor do projeto com os interesses públicos envolvidos na ocupação do território.

---

[19] Cfr. o nosso *A Discricionariedade de Planeamento Urbanístico Municipal na Dogmática Geral da Discricionariedade Administrativa*, Coleção Teses, Coimbra, Almedina, 2011, pp. 327 e segs.

ESCRITOS PRÁTICOS DE DIREITO DO URBANISMO

Foi, de facto, o despacho conjunto dos Ministros do Planeamento e da Administração do Território e do Comércio e Turismo que, reconhecendo o interesse público do *empreendimento turístico em causa*, considerou a necessidade de o mesmo ser enquadrado por plano de pormenor.

Este ponto é relevante na medida em que o que temos no caso em análise não é, como normalmente sucede, um projeto privado executado somente por via de operações urbanísticas de iniciativa estritamente privada (como seria se o projeto aqui em causa se concretizasse, como usualmente ocorre, por via de loteamentos urbanos e subsequente edificação nos lotes), mas um projeto integrado e enquadrado por um plano municipal.

ii. Refira-se, ainda, que este é um plano de pormenor com soluções muito concretas, isto é, um plano que define com precisão as condições para a realização das operações urbanísticas que o concretizam (operações de transformação fundiária, de urbanização e de edificação).

Dado o seu conteúdo material, nada impediria atualmente que a este plano fossem atribuídos efeitos registais, situação em que a sua publicação e o seu registo dispensariam o procedimento de controlo preventivo das operações de loteamento: o plano de pormenor desempenharia, nestes casos, a função do loteamento urbano.

Esta solução só não terá sido adotada, supomos, por a possibilidade de atribuição de efeitos registais aos planos de pormenor não estar expressamente prevista na lei à data da elaboração/aprovação deste plano. Por isso, neste caso, à aprovação do plano sucederam-se os procedimentos de controlo preventivo da operação de loteamento (que se limitou a repetir a transformação fundiária prevista no plano), das obras de urbanização e das edificações a erigir nos lotes.

iii. O projeto turístico aqui em causa, como qualquer outro projeto, evolui em função das dinâmicas económicas (de mercado), sociais, ambientais, culturais e urbanísticas (e, por vezes, de necessidades de acomodação técnica), necessitando de uma permanente adequação à realidade. Esta adequação é feita mediante o desencadeamento de procedimentos tendentes à alteração dos respetivos projetos, os quais são expressamente regulados pela lei.

O mesmo sucede com os instrumentos de planeamento territorial, prevendo a legislação os procedimentos de dinâmica, destinados, preci-

SUSPENSÃO DO PRAZO DE EXECUÇÃO DE OPERAÇÕES URBANÍSTICAS

samente, a adequar as opções de planeamento à evolução da realidade, de entre os quais se realça o de *alteração*, que se traduz na introdução de modificações parciais às opções de planeamento.

Refira-se que sempre que está em causa um plano de pormenor relativo a um projeto, quanto mais concretas e precisas forem as suas normas e quanto menos flexíveis forem as respetivas opções, mais necessário será proceder a alterações às respetivas previsões para as adequar à evolução que o próprio projeto muito frequentemente exige. O contrário também é válido: qualquer alteração às previsões dos planos implicará, necessariamente, uma alteração dos projetos indispensáveis à sua concretização.

Independentemente de qual seja a situação de partida – *(i)* necessidade de alteração do plano, com a consequente necessidade de alteração dos projetos que o executam ou *(ii)* necessidade de alteração dos projetos, com necessidade, para os viabilizar, de alteração do plano –, a verdade é que, do ponto de vista procedimental, terá de se começar, sempre, por *uma alteração ao plano*, apenas depois se podendo proceder à *alteração dos projetos*. E o procedimento de alteração do plano é regulado pela lei (atualmente, pelo Decreto-Lei nº 80/2015, de 14 de maio), sendo da responsabilidade exclusiva dos órgãos municipais – as competências de planeamento encontram-se repartidas entre a câmara municipal (que elabora o plano ou as respetivas alterações) e a assembleia municipal (que o aprova) –, não tendo o interessado qualquer interferência neste procedimento[20].

Neste caso, não podendo o projeto ser alterado sem que seja previamente alterado o plano de pormenor, e não estando o procedimento de alteração deste plano na disponibilidade do interessado, este não tem senão de aguardar pelo *terminus* do procedimento de planeamento para poder adequar a sua pretensão (de modificação do projeto) ao novo plano.

iv. Nas situações em que tenha sido emitido um ato administrativo que permite ao interessado a realização de uma operação urbanística, a

---

[20] Sobre o procedimento de elaboração (alteração ou revisão) dos planos municipais como um procedimento de iniciativa e responsabilidade exclusiva dos órgãos municipais, mas exercido em coautoria pela câmara e pela assembleia, *vide* o nosso *A Discricionariedade de Planeamento Urbanístico Municipal na Dogmática Geral da Discricionariedade Administrativa, cit.*, pp. 236 e segs.

ESCRITOS PRÁTICOS DE DIREITO DO URBANISMO

alteração a este ato impõe-se quando já não se pretenda realizar as operações nos termos nele definidos. Tal alteração tanto pode ser desencadeada antes da emissão do respetivo título como em momento posterior a essa emissão. Neste último caso, a alteração tem maiores implicações na esfera jurídica dos interessados na medida em que, com a emissão do título, começa a correr o prazo para a execução da operação.

Ora, nas situações em que o interessado requer uma alteração ao projeto quando o referido prazo já está em curso, não restam dúvidas que tal pedido deve ter consequências sobre o mesmo: com efeito, não faz qualquer sentido que o interessado tenha de realizar uma operação na qual já não tem interesse (ou não tem interesse nos mesmos moldes) e para a qual desencadeou um procedimento com vista à sua modificação, pelo que, ao menos durante o decurso do procedimento tendente à alteração da pretensão, aquele prazo tem de ficar suspenso.

Note-se que esta questão se coloca quer a alteração seja feita antes da emissão do alvará, quer o alvará já tenha sido emitido, uma vez que numa e noutra situação há prazos em curso: no primeiro, o prazo para requerer a emissão do alvará; no segundo, o prazo para executar a operação urbanística.

De qualquer modo, no primeiro caso, não faz sentido que esteja a correr o prazo para o interessado requerer o alvará, que é o título da licença, quando, precisamente, pretende alterar essa mesma licença; e no segundo caso não faz sentido que o interessado seja obrigado a executar uma operação, quando desencadeou o procedimento com vista à sua alteração, pretendendo executar uma operação distinta.

Note-se que nestas situações o interessado é titular de um direito que lhe foi conferido pelo ato administrativo; não pretendendo abrir mão dele (do direito), faz sentido esperar pela decisão que se pronuncia sobre a sua alteração: caso essa decisão seja favorável, começa a correr o prazo para concretizar a pretensão modificada; caso a decisão seja de indeferimento, recomeça a correr o prazo para executar a pretensão inicialmente decidida.

Isto significa, na falta de uma regulamentação legal expressa em sentido contrário, que o pedido de alteração de um ato administrativo permissivo da realização de uma operação urbanística determina, consequente e necessariamente, a suspensão dos prazos para a execução dessa mesma operação enquanto os procedimentos indispensáveis a essa alteração estão em curso. Esta é a solução que se impõe por força dos mais relevantes princípios da atuação administrativa, em especial o da proporcionalidade, na sua vertente da exigibilidade – princípio básico que deve pautar toda e qualquer atuação da Administração quando em causa está uma atuação desta que afeta de forma desfavorável a esfera jurídica dos particulares –, pois uma solução contrária obrigaria o interessado a executar uma pretensão que já não deseja (pelo menos nos mesmos moldes), e que terá, num momento posterior, caso a alteração venha a ser alcançada, de "destruir" (ainda que parcialmente), para a adequar àquela modificação.

Ou seja, e dito de outro modo, tendo sido desencadeado um procedimento administrativo que visa, em última instância, a modificação da operação ou operações urbanística(s) em relação à(s) qual(ais) existe uma decisão administrativa, os prazos para a sua execução, nos termos definidos nessa decisão, não podem deixar de ficar suspensos, em especial os prazos referentes às operações diretamente envolvidas na alteração.

v. A situação aqui em apreço revela/tem, como vimos, especificidades em relação às situações correntes, já que a alteração do plano de pormenor se apresenta como um procedimento necessário e indispensável à alteração das operações urbanísticas em causa. Neste caso, não podendo o projeto ser alterado sem que seja previamente alterado o plano de pormenor, e não estando o procedimento de alteração deste plano na disponibilidade do interessado, este tem necessariamente de aguardar pelo fim do procedimento de planeamento para poder adequar a sua pretensão (de modificação do projeto) ao novo plano. E estando a ser alterado um plano, que pressupõe uma alteração aos projetos privados que o executam, não faz sentido obrigar o interessado a executar projetos desadequados dessa alteração, tanto mais porque, na presente situação, a alteração dos projetos é pretendida não apenas pelo promotor privado como pela Administração, tal como decorre do próprio ofício desta, segundo o qual as alterações ao plano de pormenor *"surgem da necessidade de adaptar o planeado inicialmente aos projetos das edificações e de infraestruturas que estão a ser desenvolvidos"*[21].

---

[21] O que acabamos de referir coloca-nos perante a dúvida de saber ao abrigo de que regime devem ser tratadas as alterações ao projeto de loteamento e aos projetos de obras de urbanização: se ao do artigo 48º – pressupondo que, após a alteração ao plano, estaremos perante a

vi. É certo que o RJUE determina expressamente a caducidade do ato permissivo caso a operação se suspenda por um período superior a seis meses, mas tal caducidade apenas poderá ser declarada se a referida suspensão *decorrer de facto imputável ao particular.* Com efeito, nos termos da alínea *b)* do n.º 3 do artigo 71.º, a licença ou a comunicação prévia para a realização das operações urbanísticas, bem como a licença ou a comunicação prévia para a realização de operação de loteamento que exija a realização de obras de urbanização, caducam *"se as obras estiverem suspensas por período superior a seis meses,* salvo se a suspensão decorrer de facto não imputável ao titular da licença ou da comunicação prévia" (realce nosso).

Ora, no caso em apreço, a suspensão não é claramente imputável ao interessado: tendo sido desencadeados os procedimentos com vista à alteração dos projetos – e no caso presente, repetimo-lo, tal alteração tinha de começar necessariamente pela alteração do plano de pormenor, cujo procedimento não depende do interessado, mas da Administração –, a suspensão dos trabalhos justifica-se pela necessidade de se aguardar pela conclusão daqueles procedimentos. Como afirmamos antes, seria desproporcional e, acrescentamos agora, manifestamente irrazoável e até contraproducente, não só para a promotora do empreendimento turístico como para o próprio interesse público que o plano quer salvaguardar, exigir-se que o interessado tivesse de executar obras que, embora respeitando um plano de pormenor formalmente em vigor, está em vias de ser alterado, levando, em consequência, à execução de obras

situação nele prevista de alteração *"necessária à execução do plano municipal"* –, se ao do artigo 27.º. Uma análise atenta desta situação demonstra que estamos aqui perante um caso atípico, isto é, não reconduzível inteiramente ao previsto em qualquer daquelas disposições do RJUE, embora consideremos que a presente situação é mais compaginável com o disposto no artigo 27.º, tendo em conta que na origem da alteração ao plano de pormenor não terão estado interesses públicos autónomos e independentes dos interesses subjacentes ao projeto privado, mas interesses ligados ao próprio projeto, que a câmara municipal considerou coincidirem com interesses públicos ligados à concretização deste empreendimento. Por isso, a alteração ao plano de pormenor teve na sua base um requerimento do interessado nesse sentido e, também por isso, a câmara municipal reconhece, no referido ofício, que as alterações ao plano de pormenor *"surgem da necessidade de adaptar o planeado inicialmente aos projetos das edificações e de infraestruturas que estão a ser desenvolvidos".* É deste pressuposto que vamos partir nos pontos que trataremos de seguida.

que, embora acatando o plano de pormenor vigente, ficarão em desconformidade com o plano de pormenor alterado.

Note-se que não há qualquer razão juridicamente válida para sustentar entendimento diferente daquele que aqui vertemos. Com efeito, neste caso é o próprio interesse público que impõe a suspensão dos prazos em curso (seja para concluir obras seja para apresentar projetos), sob pena de execução de obras (ou de aprovação de projetos) que podem, potencialmente, ser contraditórias(os) com os instrumentos em aprovação.

vii. Em síntese, e atendendo a tudo quanto foi referido até ao presente momento, consideramos que, no caso em apreço, e porque o prazo de execução das operações urbanísticas não pode correr desconsiderando circunstâncias como a alteração do plano de pormenor que as enquadra e regula, o desencadeamento dos procedimentos tendentes à alteração dos projetos em curso de execução (e, no caso, tendo em conta o facto de este projeto ser enquadrado por um plano de pormenor, tais procedimentos implicam necessariamente o de alteração do próprio plano) tem como consequência a suspensão automática do prazo de execução das obras, prazo esse que retomará com a conclusão dos referidos procedimentos, no sentido quer da alteração quer da manutenção do plano e, por isso, do projeto.

viii. Esta nossa conclusão, de que a suspensão dos prazos decorre automaticamente do início dos procedimentos de alteração dos projetos (que inclui a alteração do plano), tornaria desnecessário qualquer requerimento do interessado dirigido à câmara municipal no sentido de obter desta uma decisão expressa de suspensão dos referidos prazos.

Entendemos, porém, que tal requerimento faz todo o sentido se for entendido como a emanação, por uma questão de segurança jurídica, de ato meramente declarativo (de mero reconhecimento) de que o prazo para a execução das operações urbanísticas objeto de decisão administrativa se encontra suspenso desde o início e até que estejam concluídos os procedimentos tendentes a adaptar o planeado e previsto inicialmente aos projetos das edificações e de infraestruturas que estão a ser desenvolvidos.

ix. Note-se que mesmo que se entendesse, o que aqui admitimos apenas a título de argumentação, que o prazo para a execução das obras não se encontra suspenso, ainda assim, não estaria a câmara municipal, em nossa opinião, obrigada a declarar a caducidade na medida em que, como sempre defendemos,

> *"no âmbito dos licenciamentos urbanísticos a caducidade que aí está em causa não é, em regra, a caducidade preclusiva. Com efeito, não lhe está ligado, na maior parte das vezes, nenhum interesse público em que o direito tenha de ser exercido num determinado prazo sob pena de não o poder mais ser, acentuando-se até, pelo contrário, que o que está aí em causa é a* necessidade de as operações urbanísticas serem efetivamente realizadas *(cfr., designadamente, artigos 84º e 85º do RJUE). (...) Mas, mais do que sancionar* este [o promotor] pretende garantir-se o interesse público dominante de que a operação urbanística seja efetivamente realizada *(ver, em especial, a necessidade de que as obras de urbanização se concretizem efetivamente de modo a assegurar que as parcelas colocadas pelo loteador à disposição dos adquirentes de lotes para construção estejam dotadas de todas as infraestruturas urbanísticas necessárias e garantir o bem-estar e a qualidade de visados futuros adquirentes e residentes). Compreende-se, assim, que as* câmaras municipais disponham do poder de gerir, com certa margem de liberdade, as situações de caducidade analisadas" (realce nosso)[22].

No mesmo sentido, veja-se o Acórdão do Tribunal Central Administrativo (TCA) Sul de 22 de março de 2012, proferido no âmbito do processo 03118/07:

> «*afora as hipóteses em que o poder administrativo em causa seja vinculado e, consequentemente, a declaração de caducidade revista carácter obrigatório por não se exigir a avaliação dos pressupostos e efeitos da situação concreta, o regime legal da caducidade-sanção ou caducidade por incumprimento "não visa punir o particular que não cumpriu o dever, mas a satisfação direta do interesse público específico"*».

Neste caso, não sendo declarada a caducidade, os atos administrativos em causa mantêm-se em vigor, não decorrendo daqui qualquer consequência jurídica desfavorável (invalidante) caso as comunicações

---

[22] FERNANDA PAULA OLIVEIRA, MARIA JOSÉ CASTANHEIRA NEVES, DULCE LOPES e FERNANDA MAÇÃS, *Regime Jurídico da Urbanização e Edificação. Comentado*, 3ª ed., Coimbra, Almedina, 2011, pp. 540-541.

SUSPENSÃO DO PRAZO DE EXECUÇÃO DE OPERAÇÕES URBANÍSTICAS

prévias obrigatórias venham a ser apresentadas e executadas posteriormente, sem oposição camarária. Esta solução – de não declaração de caducidade mesmo que os respetivos pressupostos estejam verificados – deve, porém, em face da atual redação do RJUE, ser utilizada com cautela e parcimónia[23].

3. Uma solução alternativa: deliberação de suspensão dos prazos com efeitos constitutivos e retroativos

Ainda que assim se não entenda – considerando, ao contrário do que acabamos de defender, que os referidos prazos estão em curso –, o que aqui apenas admitimos a título de argumentação, a questão que se pode colocar é a de saber se pode ainda assim a câmara municipal, oficiosamente ou a requerimento do interessado, deliberar a sua suspensão.

Para uma resposta cabal a esta questão deve ter-se em conta que uma categoria importante de atos (decisões) administrativos(as) que podem ser emanados(as) pela Administração Pública é a dos *atos que operam sobre atos administrativos precedentes* ou *atos administrativos de segundo grau*[24].

Trata-se de atos que têm por objeto atos administrativos anteriormente praticados e que podem assumir uma das seguintes subcategorias:

   a) atos que visam fazer *cessar* ou *suspender* a eficácia de atos administrativos anteriores[25];
   b) atos que visam *modificar*, total ou parcialmente, o conteúdo de atos administrativos previamente praticados[26]; e
   c) atos que visam *consolidar* atos administrativos anteriores, quando estes sejam inválidos[27].

Tirando as situações em que estes atos se encontram expressamente regulados na lei – em que terá de se aplicar o regime aí previsto –, é

---

[23] Sobre este novo regime, cfr. o nosso *Mais uma Alteração ao Regime Jurídico da Urbanização e da Edificação (o Decreto-Lei nº 136/2014, de 9 de setembro)*, Coimbra, Almedina, 2014, p. 63; e FERNANDA PAULA OLIVEIRA, MARIA JOSÉ CASTANHEIRA NEVES e DULCE LOPES, *Regime Jurídico da Urbanização e Edificação. Comentado*, 4ª ed., *cit.*, pp. 547-548.

[24] Sobre esta categoria de atos administrativos *vide* o nosso (em coautoria com JOSÉ EDUARDO FIGUEIREDO DIAS) *Noções Fundamentais de Direito Administrativo*, 4ª ed., Coimbra, Almedina, 2016, pp. 193 e segs.

[25] É o caso da anulação, da revogação e da suspensão administrativas.

[26] É o caso da prorrogação, da revogação parcial e da retificação.

[27] É o caso da conversão, da reforma e da ratificação.

ESCRITOS PRÁTICOS DE DIREITO DO URBANISMO

deixada à Administração a faculdade (discricionariedade) de praticar ou não este tipo de atos, em função das circunstâncias concretas de cada situação, discricionariedade esta que deve ser exercida com respeito, designadamente, pelos limites decorrentes dos princípios jurídicos que sempre devem pautar a atuação da Administração Pública, em particular pelo princípio da proporcionalidade.

No que aqui nos interessa, e tomando como referência os atos administrativos que criam no particular o poder de executar uma operação urbanística num determinado prazo, conclui-se haver uma possibilidade genérica, por ausência de uma regulamentação legal expressa em sentido contrário, de suspensão dos efeitos (ou de certos efeitos) dos atos administrativos.

Na medida, porém, em que estão em causa atos constitutivos de direitos, tal suspensão tem, naturalmente, limitações [que devem ser as mesmas previstas para a revogação dos atos administrativos, uma vez que também aqui está em causa a cessação de efeitos de uma decisão (ainda que temporariamente) por questões de mérito ou de conveniência das soluções projetadas]. No entanto, como também decorre do regime da revogação constante do artigo 167º do Código do Procedimento Administrativo (CPA), esta revogação (e, portanto, também, a suspensão) de atos constitutivos de direitos é possível quando os beneficiários (destinatários dos efeitos favoráveis dos atos) manifestem a sua concordância e não estejam em causa direitos indisponíveis [alínea *b)* do nº 2]. Como sucede na situação em apreço.

Note-se que, na presente situação, se coloca uma questão suplementar decorrente do facto de o interessado pretender que a suspensão produza efeitos desde o início do procedimento de alteração do plano de pormenor até à conclusão dos procedimentos tendentes à alteração dos projetos. É que tal pretensão, a ser deferida, significa atribuir efeitos retroativos àquela declaração, colocando, naturalmente, a questão de saber se tal é possível.

A esta questão responde o artigo 156º do CPA, segundo o qual, fora dos casos enunciados no nº 1, o autor do ato apenas pode atribuir-lhe efeitos retroativos nos casos previstos no nº 2, de entre os quais consta, com relevo na situação aqui em apreciação, aquele em que *"a retroatividade seja favorável para os interessados e não lese direitos ou interesses legalmente protegidos de terceiros, desde que à data a que se pretende fazer remontar a eficácia do ato já existissem os pressupostos justificativos dos efeitos a produzir"*.

Ora, como facilmente se pode concluir, todas estas circunstâncias estão verificadas no caso em apreço: a retroatividade é claramente favorável ao interessado, na medida em que os procedimentos em curso se destinam a permitir a viabilização (a melhor viabilização) dos seus projetos; não há lesão de posições jurídicas de terceiros; e no início do procedimento de alteração do plano já se podia, com esse fundamento, suspender os prazos de execução.

Refira-se, a terminar, que embora nada impeça que esta deliberação seja tomada oficiosamente pela Administração, o que faz mais sentido, tendo em conta as circunstâncias do caso (incluindo o facto de o procedimento de alteração ter tido na sua base um requerimento do interessado), é que a mesma seja da iniciativa deste.

5
Implicações da delimitação de Áreas de Reabilitação Urbana em território que inclui unidades de intervenção com documento estratégico aprovado ao abrigo do Decreto-Lei nº 104/2004, de 7 de maio

1. O problema

Em alguns municípios foram iniciados, à luz do anterior regime (Decreto-Lei nº 104/2004, de 7 de maio), procedimentos de reabilitação urbana por Sociedades de Reabilitação Urbana (SRU).

Com a entrada em vigor do novo regime, assente em áreas de reabilitação urbana (Decreto-Lei nº 307/2009, de 23 de outubro), colocou-se a questão da articulação destes dois regimes. Concretamente, surgiram dúvidas sobre as implicações da delimitação de áreas de reabilitação urbana (ARU) segundo o regime simplificado[28] nas unidades de intervenção com documento estratégico aprovado ao abrigo do Decreto-Lei nº 104/2004, designadamente quanto às competências da Sociedade de Reabilitação Urbana constituída ao abrigo do anterior regime e quanto

---

[28] Referimo-nos à delimitação de ARU sem a correspondente aprovação de operações de reabilitação urbana simples ou sistemática nem das respetivas estratégias ou programas estratégicos de reabilitação urbana, aprovação que deve ocorrer no prazo de três anos a contar daquela delimitação.

aos processos de expropriação em curso e dos contratos de reabilitação urbana em fase de execução.

Num dos casos que tivemos oportunidade de analisar, a Sociedade de Reabilitação Urbana rececionou uma carta remetida pela câmara municipal, pela qual se comunicava que, na sequência da aprovação das ARU, os documentos estratégicos *"deixavam de vigorar"*, *"regressando à Câmara Municipal as competências que se encontravam delegadas na SRU"*, solicitando ainda que esta Sociedade enviasse à Câmara *"todos os processos relativos a operações urbanísticas que não se encontrem concluídas"* e encaminhasse os *"novos pedidos de instrução de operações urbanísticas"*.

A resposta à questão da articulação destes dois regimes pressupõe que se tenha presente, desde logo, o procedimento de reabilitação urbana que decorria do Decreto-Lei nº 104/2004, bem como o procedimento que passou a constar do Decreto-Lei nº 307/2009 [Regime Jurídico da Reabilitação Urbana (RJRU)], sem esquecer, quanto a este, a alteração que lhe foi introduzida pela Lei nº 32/2012, de 14 de agosto[29].

Este confronto de regimes é importante para que se perceba que existe uma lógica distinta nos processos de reabilitação urbana, motivo pelo qual o legislador sentiu necessidade de definir um regime transitório, que integrou no artigo 79º do RJRU, por forma a regulamentar os procedimentos de reabilitação urbana que se tivessem iniciado à luz do regime de 2004. É no âmbito deste artigo que encontraremos resposta à questão que concretamente é colocada.

2. Do procedimento de reabilitação urbana: do regime de 2004 ao regime de 2012

i. O regime de reabilitação urbana instituído ao abrigo do Decreto-Lei nº 104/2004 pressupunha a criação de um "instrumento empresarial" por via do qual se promoveria o procedimento de reabilitação urbana: as designadas Sociedades de Reabilitação Urbana.

Estas entidades podiam ser constituídas por capital exclusivamente municipal (integrando, por isso, o setor empresarial local) ou, em casos de excecional interesse público, ser configuradas como sociedades anónimas de capitais exclusivamente públicos (do município, de pessoas

---

[29] Este diploma foi ainda objeto de alteração pelo Decreto-Lei nº 136/2014, de 9 de setembro.

IMPLICAÇÕES DA DELIMITAÇÃO DE ÁREAS DE REABILITAÇÃO URBANA EM TERRITÓRIO

coletivas da administração indireta do Estado, quando devidamente autorizadas por despacho conjunto dos Ministros das Finanças e da tutela, e/ou de pessoas coletivas empresariais do Estado com participação municipal e estatal), integrando, nestes casos, o setor empresarial do Estado.

As referidas Sociedades tinham como objeto social promover a reabilitação urbana das respetivas *zonas de intervenção*, devendo tal objeto social ser concretamente definido por referência àquelas zonas, com identificação do município a que respeitava, no caso de empresas municipais. O regime de criação, extinção e funcionamento destas Sociedades encontrava-se regulado nos artigos 2º a 8º do Decreto-Lei nº 104/2004.

A reabilitação urbana promovida por estas entidades ao abrigo do Decreto-Lei nº 104/2004 pressupunha, como primeiro passo do processo, a delimitação de uma *unidade de intervenção*. Apenas depois de delimitada esta se passava para a elaboração e aprovação do *documento estratégico*, não sem que antes se tivesse questionado a câmara municipal sobre a oportunidade e a necessidade de elaboração de um plano de pormenor.

Apesar das dúvidas que então se colocavam, a doutrina vinha reconhecendo aos documentos estratégicos uma clara analogia com os instrumentos de gestão territorial, afirmando-se mesmo que a sujeição a registo predial do ato da sua aprovação só se compreendia na medida em que o documento estratégico comportava, por si mesmo, consequências jurídicas diretas sobre os prédios abrangidos (detendo, por isso, nessa medida, uma dose de vinculatividade para os respetivos proprietários)[30].

Com efeito, a lei sempre reconheceu a estes documentos relevância a vários títulos, designadamente para efeitos expropriativos e para a determinação dos direitos e deveres das partes no âmbito dos *acordos de reabilitação* celebrados nos termos daquele diploma legal.

Era, assim, com base nos referidos documentos estratégicos que se procedia diretamente à execução das intervenções de reabilitação urbana, ficando, deste modo, os *contratos urbanísticos de execução* (procedimento

---

[30] PEDRO GONÇALVES, *Entidades Privadas com Poderes Públicos*, Coimbra, Almedina, 2005. Para mais desenvolvimentos sobre a natureza jurídica e os efeitos destes documentos estratégicos, vide o nosso *As alterações ao Regime Jurídico dos Instrumentos de Gestão Territorial: o Decreto-Lei nº 316/2007, de 19 de Setembro*, Coimbra, Almedina, 2008, pp. 72 e segs.

ESCRITOS PRÁTICOS DE DIREITO DO URBANISMO

por via de acordo) ou a *declaração de utilidade pública* (procedimento por via impositiva) funcionalizados a uma específica finalidade pública, que correspondia, precisamente, à que lhes era assinalada naqueles documentos.

E se dúvidas existiam quanto à possibilidade de estes documentos, por não serem instrumentos de gestão territorial, poderem produzir efeitos diretos em relação aos particulares, sempre se podia afirmar que tais efeitos decorriam diretamente da lei, motivo pelo qual esta impunha a sua inscrição no registo predial após a respetiva aprovação, permitindo, por esta via, a efetivação das opções neles plasmadas, registo que se destinava a dar a conhecer que sobre os imóveis por eles abrangidos impendia um ónus, isto é, a obrigação de que os seus titulares os reabilitassem.

Por isso afirmava a doutrina terem estes instrumentos consequências jurídicas diretas sobre os prédios abrangidos e, nesta medida, sobre os respetivos proprietários.

ii. Com o Regime Jurídico da Reabilitação Urbana, na sua versão inicial, todo o procedimento passou a assentar na definição (aprovação) de ARU. Esta aprovação não tinha, porém, correspondência com a delimitação de *unidades de intervenção* do regime anterior, uma vez que não se limitava a proceder, como acontecia com estas, à mera identificação da área territorial sobre a qual seria promovida a operação de reabilitação urbana. Pelo contrário, esta aprovação passava a traduzir-se, independentemente de ser feita por via de plano de pormenor ou de instrumento próprio, numa decisão de conteúdo complexo na medida em que passava a integrar:

(*i*) a identificação dos concretos limites físicos da área a sujeitar à operação de reabilitação urbana;

(*ii*) a determinação do tipo de operação de reabilitação urbana (ORU) a concretizar (simples ou sistemática, consoante a intervenção fosse exclusivamente nos edifícios ou também no espaço público);

(*iii*) a fixação dos objetivos a alcançar com a operação de reabilitação urbana;

(*iv*) a determinação dos "instrumentos" programáticos (estratégicos) que orientam (enquadram) as operações de reabilitação urbana e densificam o dever de reabilitação que impende sobre os proprietários e titulares de outros direitos, ónus e encargos sobre edifícios e frações compreendidos numa área de reabilitação urbana – estratégia de reabilitação urbana quando se trata de ORU simples e programa estratégico de reabilitação urbana quando esteja em causa uma ORU sistemática;

(v) a definição da sua entidade gestora.

Uma análise atenta deste regime legal, tal como instituído em 2009, permite concluir que mais do que o início do procedimento de reabilitação urbana, a delimitação da respetiva área passou a corresponder à fase final de um procedimento que integrava um conjunto de *decisões preliminares*: a decisão quanto ao tipo de operação de reabilitação a concretizar (simples ou sistemática) e, em função desta, a definição da estratégia de intervenção (a *estratégia de reabilitação urbana* ou o *programa estratégico de reabilitação urbana*).

Aprovada a ARU (que integrava todas as deliberações preliminares referidas), passava-se de imediato para a *execução* das várias intervenções que integravam a ORU, utilizando-se para o efeito os vários instrumentos previstos no Capítulo VI da Parte II do Decreto-Lei nº 307/2009, não sem que antes, sempre que tal se revelasse necessário, se procedesse à delimitação de uma *unidade de execução* (se a ARU tivesse sido aprovada por plano de pormenor) ou de uma *unidade de intervenção* (se a ARU tivesse sido aprovada por instrumento próprio)[31].

A diferença entre os dois regimes resulta, assim, notória: não há, de facto, uma correspondência entre a definição de uma área de reabilitação urbana para efeitos do RJRU na sua versão inicial e a delimitação de uma unidade de intervenção ao abrigo do disposto no Decreto-Lei nº 104/2004.

iii. Uma vez que a delimitação de uma ARU, atento o seu conteúdo material, se traduziu num procedimento altamente complexo, o legislador veio, em 2012, permitir o seu faseamento, admitindo que a câmara municipal comece por efetuar uma simples *delimitação da área* a sujeitar à operação de reabilitação urbana, remetendo para um momento posterior [que não deve ultrapassar os três anos após esta delimitação, sob

---

[31] Cfr. artigo 34º do Decreto-Lei nº 307/2009.

ESCRITOS PRÁTICOS DE DIREITO DO URBANISMO

pena de caducidade da mesma (artigo 15º do RJRU)] a aprovação da operação de reabilitação urbana (a qual integrará, como seu elemento componente, a aprovação da estratégia ou do programa estratégico da reabilitação consoante se trate de operação simples ou sistemática).

Embora esta nova redação pareça apontar no sentido de uma opção distinta da que constava da versão inicial do artigo 7º, nunca vimos nela uma alteração substancial do regime já que, ainda que se proceda a uma precisão de terminologia – uma vez que agora são as operações de reabilitação urbana e não as respetivas áreas que são aprovadas por instrumento próprio ou plano de pormenor –, o essencial do regime mantém--se inalterado: a reabilitação urbana simples ou sistemática em áreas de reabilitação urbana pressupõe sempre e imprescindivelmente uma decisão complexa (ainda que se pretenda agora faseada) que integre a delimitação da área, a aprovação da operação de reabilitação e a respetiva estratégia ou programa estratégico. A lógica será, assim, a mesma que esteve subjacente à versão inicial deste diploma: só se poderá aplicar na íntegra o regime nele previsto, designadamente quanto ao desencadeamento das modalidades e dos instrumentos de execução, quando, para além de delimitada a área de atuação, tiver sido aprovada a respetiva operação de reabilitação com os seus "instrumentos estratégicos"[32].

O que verdadeiramente se pretendeu foi promover, o mais antecipadamente possível, a reabilitação de edifícios e frações em área de reabilitação urbana pelos seus proprietários (mesmo antes da aprovação de uma operação de reabilitação para a mesma), já que a delimitação daquela área tem como efeitos a definição, pelo município, dos benefícios fiscais associados aos impostos municipais sobre o património, designadamente o imposto municipal sobre imóveis e o imposto municipal sobre as transmissões onerosas de imóveis, nos termos da legislação aplicável, e a concessão aos proprietários e titulares de outros direitos, ónus e encargos sobre os edifícios ou frações nela compreendidos do direito de acesso aos apoios e incentivos fiscais e financeiros à reabilitação urbana, nos termos estabelecidos na legislação aplicável, sem prejuízo de outros benefícios e incentivos relativos ao património cultural (artigo 14º do RJRU).

---

[32] Neste sentido, *vide* o nosso (em parceria com DULCE LOPES) "As recentes alterações ao Regime Jurídico da Reabilitação Urbana", in *Direito Regional e Local*, nº 19, setembro/outubro de 2012, pp. 12-26.

IMPLICAÇÕES DA DELIMITAÇÃO DE ÁREAS DE REABILITAÇÃO URBANA EM TERRITÓRIO

3. A necessidade de introdução de um regime transitório

Analisadas com rigor cada uma das referidas soluções legais, conclui-se pela dificuldade de fazer equivaler os passos do processo de reabilitação urbana decidido ao abrigo do Decreto-Lei nº 104/2004 aos passos a que este processo fica sujeito com o RJRU (quer na sua versão inicial quer na versão de 2012)[33].

Devido, precisamente, a esta falta de correspondência, o legislador sentiu necessidade de definir um regime transitório que acolhesse os processos de reabilitação urbana que tivessem sido iniciados à luz e ao abrigo do disposto no Decreto-Lei nº 104/2004 e garantir a continuidade de funcionamento das Sociedades de Reabilitação Urbana do setor empresarial do Estado – garantia que não era necessária para as do setor empresarial local já que o novo regime sempre admitiria que estas pudessem assumir a qualidade de entidade gestora [artigo 10º, n.os 1, alínea *b*), e 2], ao contrário daquelas –, permitindo, deste modo, que as referidas Sociedades pudessem prosseguir o respetivo objeto social *"nos termos da legislação aplicável"* – isto é, nos termos do Decreto-Lei nº 104/2004 – e, ainda, poderem ser designadas como entidades gestoras de operações de reabilitação urbana *"nos termos do presente diploma"* – isto é, do Decreto-Lei nº 307/2009.

Ou seja, veio admitir-se, por força do regime transitório estabelecido no artigo 79º do RJRU, que aquelas entidades pudessem continuar a laborar à luz do Decreto-Lei nº 104/2004 para procedimentos em curso, não impedindo que pudessem também funcionar, noutras situações, ao abrigo dos procedimentos do novo regime.

Contudo, este artigo é tudo menos de fácil leitura, como tivemos oportunidade de afirmar noutro local[34]. Independentemente deste facto, porém, e naquilo que aqui interessa, o nº 3 do artigo 79º equipara as *unidades de intervenção com documentos estratégicos aprovados* ao abrigo do Decreto-Lei nº 104/2004 às *unidades de intervenção* reguladas no RJRU (cfr. artigo 34º).

---

[33] Ainda que seja possível afirmar, após a Lei nº 32/2012, que a delimitação de uma ARU de acordo com o regime simplificado corresponde à mera delimitação da unidade de intervenção do Decreto-Lei nº 104/2004 enquanto não dispõe de documento estratégico aprovado.

[34] Cfr. o nosso (em parceria com DULCE LOPES e CLÁUDIA ALVES) *Regime Jurídico da Reabilitação Urbana. Comentado*, Coimbra, Almedina, 2011, comentário ao artigo 79º.

ESCRITOS PRÁTICOS DE DIREITO DO URBANISMO

O que significa que uma *unidade de intervenção com documento estratégico aprovado* ao abrigo do diploma de 2004 se apresenta como um *plus* comparativamente a uma ARU sem operação de reabilitação urbana aprovada ao abrigo da Lei nº 32/2012 e, mesmo, um *plus* comparando com uma ARU com operação de reabilitação urbana aprovada (e respetiva estratégia e programa estratégico), já que o legislador a coloca num momento posterior a qualquer um destes: *o momento da sua efetiva execução.*

Com efeito, como dissemos *supra*, a *unidade de intervenção* do RJRU (artigo 34º) – a que o legislador faz equiparar as *unidades de intervenção com documentos estratégicos aprovados* – encontra-se já na fase de execução da operação de reabilitação urbana e não apenas no momento da sua aprovação (e da respetiva estratégia e documento estratégico). É por isso, também, que o legislador equipara os contratos de reabilitação celebrados ao abrigo do Decreto-Lei nº 104/2004 aos contratos de reabilitação urbana regulados no novo regime de reabilitação urbana.

Esta equiparação visou não apenas a salvaguarda da posição das sociedades de reabilitação urbana com procedimentos em curso mas também, e principalmente, a salvaguarda dos efeitos dos instrumentos de execução adotados, quer de carácter imperativo (expropriações) quer de carácter voluntário (contratos de reabilitação urbana), os quais, a não serem concluídos/respeitados, poderiam ter claras consequências indemnizatórias.

4. Conclusões

Em face do afirmado, pode concluir-se que não tem razão a câmara municipal ao entender que, com a mera aprovação de uma ARU (segundo o regime simplificado), os documentos estratégicos deixam de vigorar e regressam *à câmara municipal as competências que se encontravam delegadas na SRU.* Nem tem razão, consequentemente, quando determina que a SRU remeta à câmara municipal todos os processos relativos a operações urbanísticas que não se encontrem concluídas bem como os novos pedidos de instrução de operações urbanísticas. A mera delimitação de uma ARU não tem, efetivamente, como efeito substituir os documentos estratégicos aprovados ao abrigo do Decreto-Lei nº 104/2004 nem a execução que com base neles se encontra em curso. Para o efeito, tem de evoluir no processo, aprovando as ORU e os seus "instrumentos" estratégicos, passando para a execução da reabilitação com base neles.

6
Indeferimento de pedido de licenciamento com fundamento na desconformidade da pretensão com documento estratégico em unidade de intervenção

1. O caso

No âmbito de um processo de licenciamento foi a requerente notificada da proposta (intenção) de indeferimento com fundamento na alínea *a)* do nº 1 do artigo 24º do RJUE. Não obstante a remissão genérica para a referida alínea, o indeferimento tinha como fundamento exclusivo o facto de a SRU com competências na área entender que *"a proposta apresentada não se enquadra na solução urbanística constante do documento estratégico da Unidade de Intervenção aprovada para a área"*.

Entretanto, a requerente ficou a saber que a unidade de intervenção em causa se integra em área de reabilitação urbana recentemente aprovada pela câmara municipal para a qual existe proposta de operação de reabilitação urbana com a qual o projeto já não estará em conformidade. Tal resulta, aliás, expressamente da decisão tomada em sede de pedido de informação prévia no âmbito da qual se afirmou que *"... a proposta apresentada será viável logo que aprovada a ARU proposta"*.

2. A resposta ao caso

i. Tomaremos como ponto de partida o que foi afirmado no texto anterior quanto ao regime transitório constante do artigo 79º do Decreto-

ESCRITOS PRÁTICOS DE DIREITO DO URBANISMO

-Lei nº 307/2009, que visou, precisamente, acolher os processos de reabilitação urbana que se tinham iniciado à luz do Decreto-Lei nº 104/2004 e garantir a continuidade do funcionamento das sociedades de reabilitação urbana do setor empresarial do Estado, permitindo, deste modo, que as mesmas pudessem prosseguir o respetivo objeto social *"nos termos da legislação aplicável"* – isto é, nos termos daquele diploma de 2004.

Assim, a recente aprovação, pela câmara municipal, de uma ARU segundo o regime simplificado não teve como efeito a caducidade dos documentos estratégicos aprovados para as unidades de intervenção.

Não pode, no entanto, deixar de se ter em conta, no caso em apreço, a intenção que existe de, a breve trecho, se alterar o documento estratégico em vigor na unidade de intervenção em causa, definindo-se, com a aprovação da operação de reabilitação urbana, uma solução urbanística distinta e que viabiliza a presente pretensão, conforme decorre expressamente da decisão tomada em sede de pedido de informação prévia.

ii. Feito este esclarecimento inicial – de que na área em apreço se aplica o regime da reabilitação urbana constante do Decreto-Lei nº 104/2004, estando, por isso, em vigor o respetivo documento estratégico –, incidamos agora a nossa atenção naquela que é a questão central colocada: saber se a desconformidade do projeto apresentado com o documento estratégico legitima o indeferimento do pedido de licenciamento, considerando que os motivos de indeferimento se encontram taxativamente enunciados no artigo 24º do RJUE.

Esta é uma questão que paradigmaticamente se colocava no âmbito do Decreto-Lei nº 104/2004 e que merece, à luz desse regime, as reflexões seguintes[35].

a) Releva aqui sobretudo a determinação da natureza jurídica e da força vinculativa do documento estratégico em relação aos seus destinatários ao abrigo do Decreto-Lei nº 104/2004, diploma que previa dois instrumentos fundamentais na definição dos termos em que seriam realizadas as operações de reabilitação urbana na área de uma unidade de intervenção previamente delimitada por uma sociedade de reabilitação

---

[35] Cfr. o nosso *O Regime Jurídico dos Instrumentos de Gestão Territorial: as alterações do Decreto-Lei nº 316/2007, de 19 de Setembro, cit.*, pp. 71 e segs.

urbana: o *plano de pormenor*, que podia ser decidido pela câmara municipal e que, portanto, podia existir ou não, e o *documento estratégico* aprovado pela sociedade de reabilitação urbana para a mesma unidade, que teria sempre de existir independentemente da elaboração, ou não, de plano de pormenor para a área em causa.

O primeiro correspondia à modalidade específica do plano de pormenor de reabilitação urbana a que se referia o Regime Jurídico dos Instrumentos de Gestão Territorial, tratando-se, por isso, de um plano municipal de ordenamento do território dotado de eficácia direta e imediata em relação aos particulares, sendo, deste modo, diretamente aplicável às operações urbanísticas a realizar na sua área de abrangência. A violação deste instrumento no âmbito dos procedimentos de gestão urbanística teria como consequência a invalidade dos respetivos atos, na sua forma mais grave, que é a nulidade.

Já a natureza jurídica do documento estratégico colocava maiores dúvidas: atenta a finalidade que com o mesmo se pretendia alcançar, a dúvida era saber se lhe devia ser reconhecida natureza *planificatória* idêntica à dos planos de pormenor, designadamente do ponto de vista da respetiva eficácia jurídica, cuja resposta não podia deixar de ser encontrada no próprio regime legal especial de reabilitação urbana constante do Decreto-Lei nº 104/2004.

Ora, de acordo com este regime, o documento estratégico correspondia a um instrumento de conteúdo preciso e detalhado sobre as opções e os concretos termos da realização das operações de reabilitação urbana para as áreas nele referidas, tendo, por isso, características muito próximas dos instrumentos de gestão territorial, designadamente dos planos de pormenor. Deste modo, a doutrina, embora com dúvidas, vinha-lhes reconhecendo natureza regulamentar[36] e uma clara analogia com os instrumentos de gestão territorial, reforçada pela sujeição a registo predial do ato da sua aprovação, o que só seria compreensível por este comportar, por si mesmo, consequências jurídicas diretas sobre os prédios abrangidos (comportando, por isso, nesta medida, dizemos nós, alguma dose de vinculatividade para os respetivos proprietários).

Nós próprias nos pronunciamos, a vários títulos, pela existência de uma analogia substancial entre o conteúdo material deste documento e

---

[36] PEDRO GONÇALVES, *Entidades Privadas com Poderes Públicos*, Coimbra, Almedina, 2005.

o conteúdo material dos planos de pormenor tal como os mesmos se encontram regulados no Regime Jurídico dos Instrumentos de Gestão Territorial (RJIGT), aprovado pelo Decreto-Lei nº 80/2015, de 14 de maio.

Em primeiro lugar, encontrávamos, em maior ou menor medida, no documento estratégico um conjunto de características típicas dos planos de pormenor, como a *inventariação da realidade existente*, designadamente pela identificação da situação fundiária da área de intervenção; a existência de *programa de execução das ações previstas* e de um *plano de financiamento*; as exigências de ponderação da multiplicidade, variedade e heterogeneidade de interesses, públicos e privados, que no mesmo se encontram, em regra, coenvolvidos. De facto, para além de satisfazer a função essencial de *inventariação da realidade existente* – que cumpria através da integração de um auto de vistoria que devia ser efetuado a cada edificação, identificando os respetivos proprietários, titulares de direitos reais, arrendatários e eventuais interessados nas operações projetadas –, o Decreto-Lei nº 104/2004 impunha ainda, no artigo 15º, que este documento procedesse à *ponderação entre os diversos interesses* relevantes na área de intervenção [cfr. alínea c)], à *planificação e estimativa orçamental* das operações a realizar [alínea d)] e à enunciação concreta das mesmas, inclusivamente pela *"definição dos edifícios a reabilitar e a extensão das intervenções neles previstas"* [alínea a)]. Em especial, tal como acontece com os planos de pormenor – que exprimem o desenho urbano para a respetiva área de incidência, definem os espaços públicos, de circulação viária e pedonal, de estacionamento, bem como os respetivos tratamento, alinhamentos, implantações, modelação do terreno, e distribuição volumétrica, determinam a localização dos equipamentos e das zonas verdes e identificam, ainda, as operações de demolição, conservação e reabilitação das construções existentes –, também o documento estratégico tinha de conter um *projeto base* no qual se descreviam as opções em matéria de reabilitação, designadamente no que concerne à habitação, às acessibilidades, aos equipamentos, às infraestruturas ou ao espaço público quando a intervenção inclua estas áreas.

Concluíamos, deste modo, que os documentos estratégicos das unidades de intervenção assumiam-se *materialmente* como instrumentos de planeamento de pormenor.

Em todo o caso, e como também defendíamos, se esta *equiparação material* era possível, já em *termos procedimentais* o mesmo não sucedia na

INDEFERIMENTO DE PEDIDO DE LICENCIAMENTO

medida em que não se assegurava, no âmbito do procedimento de elaboração e aprovação do documento estratégico, a participação efetiva de entidades públicas exteriores ao município, titulares de interesses públicos relevantes na área de intervenção (ainda que se exigisse uma ponderação destes interesses, que é, ao fim e ao cabo, a finalidade última que justifica aquela colaboração), nem momentos de participação de entidades privadas que equivalham às fases de participação preventiva e sucessiva previstas no RJIGT para os instrumentos de gestão territorial, já que, quanto a este último aspeto, o único momento de abertura ao exterior deste procedimento, referido no artigo 16º do Decreto-Lei nº 104/2004, apenas era garantido aos interessados, considerados tão-só, ao longo do diploma, como os *proprietários e titulares de direitos reais ou obrigacionais de uso* ou, ainda, os *promotores urbanísticos.*

Havia, assim, uma equiparação material, mas já não procedimental, entre planos de pormenor e documentos estratégicos.

Aquela equiparação material apresentava-se como importante a ponto de termos defendido a sua relevância a vários títulos, designadamente para efeitos expropriativos e de superação da ausência de plano de pormenor em situações em que o plano diretor municipal remete para aqueles documentos como condição para a ocupação urbanística na área.

No entanto, o facto de tais documentos estratégicos não se encontrarem legalmente conformados como verdadeiros instrumentos de gestão territorial tornava indispensável determinar em que situações não era possível aquela equiparação. A questão colocava-se em concreto, precisamente, a propósito de saber se o documento estratégico podia ser assumido como um instrumento-parâmetro nos procedimentos de controlo preventivo das operações urbanísticas de reabilitação urbana que tivessem de ser realizadas no âmbito da unidade de intervenção previamente delimitada, ou seja, se a total conformidade dos projetos das referidas operações urbanísticas com este documento era condição para o seu deferimento, não sendo admitido qualquer desvio entre ambos, o que apelava para outra questão: a da eficácia jurídica destes instrumentos em face dos particulares integrados na unidade de intervenção quando viessem solicitar a apreciação de operações urbanísticas que pretendam levar a cabo.

Mantemos, deste modo, o que afirmamos no nosso *O Regime Jurídico dos Instrumentos de Gestão Territorial: as alterações do Decreto-Lei nº 316/2007, de*

ESCRITOS PRÁTICOS DE DIREITO DO URBANISMO

19 de Setembro, sobre estes documentos estratégicos. Assim, não restam dúvidas que os documentos estratégicos, tal como se apresentam conformados no Decreto-Lei nº 104/2004, surgem como instrumentos fundamentais de reabilitação urbana, apresentando um carácter vinculativo *no âmbito dos acordos de reabilitação* celebrados nos termos deste diploma legal, o que não significa, contudo, uma vinculação direta e autónoma destes documentos em relação às operações urbanísticas que tenham de ser realizadas no âmbito das unidades de intervenção.

Significa sim, antes, que tal efeito apenas pode ser buscado numa articulação do documento estratégico com os instrumentos contratuais ou impositivos previstos no Decreto-Lei nº 104/2004.

Dito de outro modo, estes instrumentos apenas se assumem como definidores dos termos da realização das concretas operações urbanísticas de reabilitação urbana e como parâmetro de apreciação dos respetivos projetos quando conjugados com os *contratos urbanísticos de execução* (procedimento por via de acordo) ou a *declaração de utilidade pública* dos bens que, assim, ficam funcionalizados a uma específica finalidade pública, que corresponde à que lhes é assinalada no documento estratégico (intervenção forçada).

Tal significa que, da perspetiva da apreciação dos projetos das operações urbanísticas que tenham de ocorrer no âmbito dos respetivos procedimentos de licenciamento (ou, agora também, comunicação prévia), o documento estratégico não detém, por si só, força jurídica própria. A sua inscrição no registo predial justifica-se apenas porque os trâmites posteriores à aprovação deste documento e que implicam a efetivação das opções nele plasmadas são impostos por lei. Porém, à inscrição a que se refere a legislação não podem ser imputados os efeitos que, normalmente, são assinalados ao registo, desde logo a oponibilidade relativamente a terceiros dos atos nele inscritos e a presunção de titularidade dos bens. Servirá, assim, como registo de mera notícia-publicidade da existência de tal documento. Ou seja, a inscrição no registo predial, servindo como mera notícia-publicidade, destina-se a dar a conhecer que aquele imóvel existe e que sobre ele impende o ónus, isto é, a obrigação, de que os seus titulares o reabilitem.

É, em nossa opinião, a articulação entre as prescrições do documento estratégico, que se apresenta como o quadro de referência das intervenções de reabilitação a promover, e os instrumentos contratuais e impositivos que com base nele venham a ser celebrados ou praticados, que produz os efeitos jurídicos pretendidos: condicionar as concretas operações urbanísticas a realizar. E é neste sentido que concordamos com Pedro Gonçalves quando afirma terem estes instrumentos consequências jurídicas diretas sobre os prédios abrangidos e, nesta medida, sobre os respetivos proprietários.

A esta conclusão chegamos pela leitura do próprio Decreto-Lei nº 104/2004 quando regula o licenciamento a que ficam sujeitas as operações urbanísticas de reabilitação urbana que tenham de ocorrer. Senão vejamos.

O artigo 6º do Decreto-Lei nº 104/2004 confere às SRU, no âmbito de procedimentos de reabilitação urbana regulados neste diploma, um conjunto de poderes tipicamente públicos (de autoridade): licenciar e autorizar operações urbanísticas [alínea a)]; expropriar os bens imóveis e os direitos a eles inerentes destinados à reabilitação urbana, bem como constituir servidões administrativas para os mesmos fins [alínea b)]; proceder a operações de realojamento [alínea c)]; fiscalizar as obras de reabilitação urbana, exercendo, nomeadamente, as competências previstas na Secção V do Capítulo III do RJUE, com exceção da competência para aplicação de sanções administrativas por infração contraordenacional, a qual se mantém como competência do município [alínea d)]; exercer as competências previstas na alínea b) do nº 1 do artigo 42º, no nº 2 do artigo 44º e no artigo 46º, todos da Lei dos Solos [alínea e)].

Ainda nos termos deste normativo, sem prejuízo de os órgãos autárquicos manterem as suas competências no que diz respeito a obras a executar nas zonas de intervenção das SRU antes da aprovação do documento estratégico, bem como, depois desta, relativamente a obras que não se insiram no procedimento de reabilitação urbana, as atribuições e competências referidas nas alíneas a), b), d) e e) do nº 1 do artigo 6º consideram-se transferidas dos municípios para as SRU, que as exercerão em exclusivo, durante o procedimento de reabilitação urbana, nas respetivas zonas de intervenção.

Assim, não obstante as competências normais dos órgãos municipais, compete às sociedades de reabilitação urbana, nos termos definidos pelo Decreto-Lei nº 104/2004, licenciar ou autorizar (agora também controlar as comunicações prévias), nas áreas da sua atuação (unidades

ESCRITOS PRÁTICOS DE DIREITO DO URBANISMO

de intervenção) referentes a operações a realizar, nos termos deste diploma, pelos proprietários ou parceiros privados.

A este propósito, determina o artigo 9º, nº 2, do Decreto-Lei nº 104/2004 que compete às SRU *"licenciar ou autorizar as operações de loteamento e as obras de construção executadas pelos proprietários ou por parceiros privados, nos termos definidos no artigo 6º e sempre de acordo com o disposto no regime jurídico da urbanização e da edificação, bem como com o disposto no artigo seguinte"*.

O artigo 10º estipula, por sua vez, regras especiais de tramitação procedimental, com particular relevo para a redução para metade de todos os prazos previstos no RJUE e da sujeição dos projetos a consultas [cfr. nº 5 e ponto *ii)* da alínea *b)* do nº 4, respetivamente].

Realce-se, de forma a permitir uma tramitação mais célere dos procedimentos de *controlo prévio* (quando estejam em causa consultas a entidades exteriores ao município), a previsão, no artigo 11º, da possibilidade de constituição de uma comissão especial de apreciação composta pelas entidades que, nos termos da lei, se devem pronunciar sobre os pedidos de licenciamento, cujo parecer, assinado por todos os membros com menção expressa da respetiva qualidade, substitui, para todos os efeitos, os pareceres, autorizações e aprovações exigidos.

Ora, analisadas estas normas, mandam elas aplicar aos procedimentos de controlo prévio das operações urbanísticas de reabilitação urbana a realizar no âmbito das unidades de intervenção as regras constantes do RJUE, com exceção de algumas, de cariz procedimental, mobilizando-se, assim, na íntegra, as atinentes aos motivos de indeferimento que se apresentam como taxativos. E nestes não consta, nem direta nem indiretamente, o documento estratégico.

Do que fica dito, resulta que o documento estratégico, embora se apresente como o mais importante documento de intervenção da SRU em operações de reabilitação urbana, não pode, de forma isolada, por não se apresentar como um instrumento de gestão territorial, vincular os seus destinatários, quer individual, quer coletivamente, no que concerne aos procedimentos de controlo preventivo de operações urbanísticas.

Tal vinculatividade neste âmbito decorrerá ou do plano de pormenor que eventualmente exista a montante deste documento ou dos contratos ou atos impositivos que, a jusante, o concretizem.

INDEFERIMENTO DE PEDIDO DE LICENCIAMENTO

Assim, embora seja verdade que os planos de pormenor, o documento estratégico e a unidade de intervenção se apresentam como instrumentos relevantes na determinação da organização espacial de uma determinada área do território municipal, deles, por não desempenharem a mesma função, não podem resultar os mesmos efeitos jurídicos (se assim não fosse, não se compreenderia a possibilidade da sua coexistência no âmbito da mesma unidade de intervenção).

Nesta ótica, o documento estratégico apresenta-se, claramente, como um instrumento *híbrido* na promoção da política de reabilitação urbana: não surge, por um lado, como um instrumento de planeamento territorial, designadamente da perspetiva dos respetivos efeitos jurídicos, mas é, por outro lado, mais do que um mero projeto na medida em que serve de referência para os termos dos contratos que venham a ser celebrados (e das expropriações que tenham de ocorrer) no que concerne à realização dos concretos projetos referentes às operações urbanísticas de reabilitação urbana.

Tal significa que embora o plano de pormenor e o documento estratégico concorram para a definição detalhada da conceção da forma de ocupação no âmbito da unidade de intervenção, não lhes pode ser assacada a mesma eficácia jurídica no âmbito dos procedimentos de controlo prévio das operações urbanísticas (e apenas a este âmbito nos estamos aqui a referir).

E isto é assim por os índices, o número de fogos, o número de pisos e de cérceas, bem como a identificação das operações de demolição, conservação e reabilitação das construções existentes apenas poderem ser determinados, com uma vinculatividade direta em relação à apreciação de concretos projetos a submeter a licenciamento, por intermédio do plano de pormenor.

Deste modo, o documento estratégico não assume, no âmbito dos procedimentos de licenciamento, os mesmos efeitos que os planos de pormenor, designadamente para determinar o indeferimento das concretas pretensões urbanísticas que com ele se não conformem.

A possibilidade de poderem ter este tipo de efeitos teria de se encontrar plasmada na lei, o que não sucede com o Decreto-Lei nº 104/2004, que se limita a remeter para o RJUE, que vale, assim, na íntegra, com exceção de alguns aspetos do foro procedimental, que resultam simplificados.

ESCRITOS PRÁTICOS DE DIREITO DO URBANISMO

Não ignoramos o argumento por vezes invocado de a lei se referir à possibilidade de alteração do documento estratégico apenas por motivos de interesse público e sempre mediante novo registo, mas estas situações apenas podem referir-se a alterações substanciais a estes documentos que impliquem uma distinta ou substancialmente diferenciada estratégia de intervenção relativamente à primeiramente definida. Não nos parece, de todo, que alterações pontuais que não afetem esta estratégia se encontrem no âmbito de aplicação desta exigência.

Consideramos, deste modo, ser de admitir alterações pontuais ao previsto nos documentos estratégicos, desde que não o desvirtuem, não decorrendo da lei qualquer relação de subordinação entre o projeto e o documento estratégico que determine o dever de todo e qualquer ato de gestão urbanística de conformar-se com ele.

b) O problema que se colocava em relação aos documentos estratégicos no âmbito do Decreto-Lei nº 104/2004 passou a colocar-se, com a aprovação do Decreto-Lei nº 307/2009, em relação ao *instrumento próprio* que aprova a operação de reabilitação urbana e respetiva estratégia ou programa estratégico, que não pode ser equiparado a um plano de pormenor, por, em virtude do princípio da tipicidade, não se enquadrar no elenco típico destes instrumentos de gestão territorial, previsto no RJIGT.

O que não significa, como os documentos estratégicos, que esteja desprovido de efeitos jurídicos, uma vez que é com base neles que se densifica o dever de reabilitação que impende sobre os particulares (artigo 8º, nº 5) e se permite o recurso aos mecanismos contratuais e impositivos previstos no Decreto-Lei nº 307/2009.

Em todo o caso, o Decreto-Lei nº 307/2009 veio superar a dificuldade que anteriormente se colocava: ainda que reconhecendo que não estamos aqui perante instrumentos de planeamento, não podendo, por isso, produzir os mesmos efeitos destes (designadamente, efeitos diretos em relação aos particulares) – excluindo-se, assim, a sua mobilização como instrumentos autónomos para, com base neles, se indeferirem as concretas operações urbanísticas que os contrariem –, este diploma aditou, ao contrário do que sucedia no diploma de 2004, um novo motivo de indeferimento das licenças – a suscetibilidade de as operações urbanísticas *causarem um prejuízo manifesto à reabilitação do edifício* (no caso de operação de reabilitação urbana simples) ou *causarem um prejuízo manifesto à operação de reabilitação urbana da área em que o mesmo se insere* (no caso de operação de reabilitação urbana sistemática – cfr. artigo 52.º).

O que significa que embora não admita, como não admitia o Decreto-Lei nº 104/2004 em relação ao documento estratégico, a invocação imediata do ato de aprovação da operação de reabilitação urbana para indeferir uma concreta operação urbanística que o contrarie, o Decreto-Lei nº 307/2009 criou um motivo de indeferimento que o consegue mobilizar indiretamente. O que não sucedia no Decreto-Lei nº 104/2004.

3. As conclusões do caso

Em face do afirmado terá de se concluir que o documento estratégico não assume por si só, no âmbito dos procedimentos de licenciamento desencadeados ao abrigo do Decreto-Lei nº 104/2004, os mesmos efeitos que os planos de pormenor de reabilitação urbana, designadamente para determinar o indeferimento das concretas pretensões urbanísticas que com ele se não conformem. A possibilidade de poderem ter este tipo de efeitos teria de se encontrar plasmada na lei (ainda que de forma indireta, como sucede com o atual artigo 52º do Decreto-Lei nº 307/2009), o que não acontece com o Decreto-Lei nº 104/2004, que se limita a remeter para o RJUE, sendo este o diploma que vale na íntegra, não constando do seu artigo 24º a possibilidade de mobilização do documento estratégico para, com base nele, se indeferir a concreta operação urbanística.

O carácter vinculativo do documento estratégico apenas poderia resultar de instrumentos contratuais ou de carácter impositivo adotados em sua execução, que, no caso, não foram desencadeados, tudo a significar que não pode a desconformidade da operação em causa no processo de licenciamento com o documento estratégico da unidade de intervenção servir de fundamento para indeferir a pretensão. Sendo certo que esta solução se apresenta, no caso em apreço, como manifestamente desproporcional por impedir a concretização de um investimento de vários milhões de euros com fundamento numa estratégia constante num documento estratégico que se perspetiva, a curto prazo, deixar de vigorar, como decorre expressamente da decisão emitida em sede de informação prévia.

ESCRITOS PRÁTICOS DE DIREITO DO URBANISMO

Com efeito, confrontando o interesse público que se pretende atingir com este documento (que está em mudança, faltando apenas a aprovação da operação de reabilitação urbana para a concretizar) e os prejuízos para o interessado (que não pode realizar de imediato a operação, colocando em causa um investimento iminente, que se pode perder), conclui-se existir um claro desequilíbrio em detrimento deste. Ou seja, existe um prejuízo para o particular que não é fundamentado em qualquer interesse público que se lhe imponha.

7
Planos sem parâmetros e parâmetros fora dos planos

1. O caso

Dispõe o regulamento de um plano diretor municipal aprovado ao abrigo do Decreto-Lei nº 69/90, de 2 de março, o seguinte:

> *"3 – A autorização de construções ou de operações de loteamento nos Espaços de Recuperação e Reconversão Urbanística fica condicionada às disposições de Plano de Urbanização ou de Pormenor.*
>
> *4 – Enquanto não se encontrem ratificados aqueles instrumentos urbanísticos os indicadores brutos máximos a observar, nas áreas de que trata o presente artigo, são os seguintes:*
> * *Densidade Bruta Máxima – 30 Fogos/ha*
> * *Nº máximo de Pisos – 2*
> *5 – Os lugares de estacionamento automóvel deverão ser calculados e dimensionados de acordo com o disposto na SECÇÃO 4 deste Regulamento".*

A norma em apreço tem suscitado dúvidas quanto à sua aplicação prática, permitindo leituras distintas que conduzem a soluções diferenciadas no âmbito dos concretos procedimentos de gestão urbanística.

A primeira dessas leituras é a de que a omissão de índices urbanísticos na aludida norma não permite a sua aplicação prática: a norma apresenta-se como incompleta na sua formulação, tornando-se insuscetível de aplicação, donde resulta que a viabilização de pretensões urbanísticas nestas áreas fica condicionada à entrada em vigor de planos de urbanização e de planos de pormenor. Esta foi a solução seguida no tratamento de alguns processos.

A segunda leitura aponta no sentido de que, ao não fixar índices, os limites aplicáveis diretamente por via do plano diretor municipal cingem-se unicamente aos enunciados nos n.ºs 4 e 5, pelo que, cumpridos esses parâmetros (30 fogos/ha e construções até 2 pisos), qualquer ato de indeferimento terá necessariamente de basear-se noutra fonte normativa que não o regulamento do plano diretor municipal, designadamente no artigo 24º do RJUE, que permite indeferir pedidos de licenciamento quando a operação urbanística *(i)* afete negativamente o património arqueológico, histórico, cultural ou paisagístico, natural ou edificado; *(ii)* constitua comprovadamente uma sobrecarga incomportável para as infraestruturas ou serviços gerais existentes ou implique, para o município, a construção ou manutenção de equipamentos, a realização de trabalhos ou a prestação de serviços por este não previstos, designadamente quanto a arruamentos e redes de abastecimento de água, de energia elétrica ou de saneamento; *(iii)* seja suscetível de manifestamente afetar o acesso e a utilização de imóveis classificados de interesse nacional ou interesse público, a estética das povoações, a sua adequada inserção no ambiente urbano ou a beleza das paisagens, designadamente em resultado da desconformidade com as cérceas dominantes, a volumetria das edificações e outras prescrições expressamente previstas em regulamento.

Esta é a posição que tem sido seguida em vários atos de deferimento praticados ao longo de anos, nomeadamente em contexto de áreas urbanas de génese ilegal (AUGI).

Em face das dúvidas pretende-se, com o presente texto, averiguar qual das interpretações do referido artigo é a mais adequada na resolução das concretas pretensões que surjam nestas áreas territoriais, não apenas do ponto de vista do confronto com a letra do artigo (e significado das suas omissões), mas também da perspetiva da salvaguarda do correto ordenamento do território.

2. A apreciação

i. Antes do mais, importa perceber que, nos termos do artigo em referência, os *espaços de recuperação e reconversão urbanística* correspondem a

PLANOS SEM PARÂMETROS E PARÂMETROS FORA DOS PLANOS

espaços constituídos, predominantemente, pelas áreas resultantes de operações urbanísticas ilegais.

Uma leitura atenta desta norma permite concluir que as intervenções que ocorrem nestas áreas são enquadradas, *preferencialmente*, pelo regime jurídico das AUGI, regime este que sempre identificou dois instrumentos mobilizáveis para se proceder à regularização daquelas áreas – as *operações de loteamento* (da iniciativa dos proprietários/comproprietários ou da iniciativa da câmara municipal) e os *planos de pormenor* –, aplicando-se a qualquer destes instrumentos o regime especial constante do diploma das AUGI e, subsidiariamente, o previsto no RJUE (no caso das operações de loteamento urbano) e no RJIGT (no caso dos planos de pormenor).

Este aspeto é relevante na medida em que uma posição que apontasse no sentido da primeira interpretação *supra* referida estaria a excluir, no que concerne ao regime das AUGI, um dos instrumentos legalmente admissíveis de intervenção e, deste modo, uma das vias adequadas para alcançar os objetivos pretendidos pelo plano diretor municipal que é a recuperação e reconversão urbanística destas áreas: a via das operações de loteamento. O que nos parece manifestamente contrário aos objetivos do plano e, deste modo, à teleologia daquela norma.

Refira-se, porém, que nem todas as operações que ocorram nestas áreas terão de ser reconduzidas ao regime das AUGI: o facto de se tratar de áreas *preferencialmente* abrangidas por operações integráveis neste regime significa, também, que as mesmas não são *exclusivamente* abrangidas por este tipo de situações, pelo que as restantes operações têm de ser resolvidas no âmbito de outros procedimentos legalmente previstos, designadamente os constantes do RJUE.

Podem, assim, surgir nestas áreas pretensões urbanísticas concretizáveis através da realização de operações urbanísticas isoladas, como obras de edificação ou operações de loteamento, em regra sujeitas a licenciamento [nestas situações a comunicação prévia apenas ocorrerá, por regra, caso a pretensão tenha sido antecedida de uma informação prévia favorável (PIP) emitida nos termos do nº 2 do artigo 14º do RJUE, aplicando-se à prática deste ato de gestão urbanística (o PIP) o que vale para os atos de licenciamento].

ii. Feito este esclarecimento prévio, importa proceder à interpretação do disposto no artigo em apreço. Para o efeito terá de se lançar mão

ESCRITOS PRÁTICOS DE DIREITO DO URBANISMO

dos vários elementos da interpretação jurídica (artigo 9º, nº 1, *in fine*, do Código Civil), concretamente o *elemento literal* (isto é, a sua *letra*), o *elemento sistemático* (de acordo com o qual a norma deve ser interpretada não isoladamente, mas como uma peça de um todo), o *elemento histórico* (que manda atender aos fatores relacionados com a origem da norma) e o *elemento teleológico* (que apela para a necessidade de se considerar o *fim* ou os *objetivos* que com a norma se pretendem alcançar – isto é, a *ratio legis* ou a *ratio iuris* –, visando, por isso, procurar a solução mais acertada para os casos da vida, atendendo precisamente a esse fim).

Não obstante o relevo de todos e de cada um destes elementos da interpretação, é sabido que a *letra da norma* desempenha uma dupla função: de *ponto de partida*, mas também de *ponto de chegada*, o que significa que a interpretação que se faça de uma norma tem de ter na sua letra um mínimo de correspondência, não sendo permitida a designada interpretação corretiva[37].

Ora, atendendo à letra do preceito, se é certo que o nº 1 aponta para a necessidade da prévia entrada em vigor de instrumentos de planeamento municipais mais concretos para que possam ser "autorizadas" (isto é, licenciadas ou concretizadas) operações urbanísticas – é isso que decorre do nº 1 ao determinar expressamente que a *"autorização de construções ou de operações de loteamento (...) fica condicionada às disposições de Plano de Urbanização ou de Pormenor"* –, não é menos certo que do nº 2 decorre expressamente a possibilidade de, enquanto tais instrumentos de planeamento não entrarem em vigor, poderem ocorrer operações urbanísticas – com efeito, determina o nº 2 que, *"enquanto não se encontrem ratificados aqueles instrumentos urbanísticos"*[38], os indicadores brutos máximos a observar nas operações urbanísticas são os aí identificados.

Admitimos que a utilização apenas dos parâmetros da densidade bruta máxima e do número máximo de pisos não fornece todos os dados necessários para uma análise e avaliação adequadas das concretas

---

[37] Na interpretação corretiva, o intérprete é impelido, por razões extrajurídicas (justiça, prudência, inadequação, inoportunidade), a modificar o sentido real (e não apenas literal, como sucede na interpretação extensiva e na restritiva) da norma. Contudo, o artigo 8º, nº 2, do Código Civil veda esta possibilidade.

[38] A ratificação já não é atualmente, ao contrário do que sucedia aquando da elaboração e aprovação deste plano diretor municipal, uma exigência para que os planos de urbanização e os de pormenor adquiram eficácia. Esta norma deve, assim, ser interpretada atualisticamente, apenas se exigindo que estejam em vigor planos municipais deste tipo.

pretensões urbanísticas que venham a ser apresentadas para estas áreas – ou seja, admitimos que se possa afirmar que a formulação da norma é incompleta (ou, pelo menos, poderia/deveria ser mais completa) –, mas concluir daí que, em face desta incompletude, não podem ser viabilizadas as pretensões urbanísticas nestas áreas enquanto não entrar em vigor um plano de urbanização ou de pormenor é fazer uma interpretação do artigo do regulamento do plano diretor municipal em clara contradição com a sua letra, que expressamente admite intervenções *"enquanto não se encontrarem ratificados aqueles instrumentos urbanísticos"*.

Bem sabemos que nem sempre as normas dos planos são claras e nem sempre é fácil fazer gestão urbanística a partir de parâmetros genéricos e/ou vagos constantes dos planos municipais. Mas os órgãos competentes não podem desonerar-se da sua tarefa de decidir apenas por causa dessa dificuldade, incompletude e falta de clareza.

iii. Para além de a primeira leitura (interpretação) do artigo referida *supra* não ter qualquer base na sua letra, sempre podemos afirmar que mesmo que tivesse sido essa a sua intenção, a mesma suscitaria sérias dificuldades já que corresponderia àquilo que a doutrina apelida de *reserva de urbanização*: áreas reservadas para ocupação urbana, mas dependentes da prévia elaboração de planos mais concretos definidores das condições em que tal pode acontecer.

Com efeito, foi muito comum os planos diretores municipais de primeira geração fazerem depender a ocupação de determinadas áreas do território da posterior elaboração de instrumentos de planeamento mais concretos, sem fixar normas de aplicação supletiva mobilizáveis na sua ausência, o que colocou problemas relevantes, já que tal opção acabava por afetar inegavelmente a esfera jurídica dos proprietários de solos nelas integrados, impedindo-os de dar aos seus solos um uso adequado à vocação que o próprio plano diretor municipal lhes reconhecia. Efetivamente, sendo os planos de urbanização e os planos de pormenor instrumentos de *iniciativa pública*, o que sucedeu nessas situações foi terem os proprietários ficado "reféns" da Administração quando esta não fixou (como em regra não fixa) um prazo para aquela elaboração ou quando, tendo-o fixado, não o cumpriu (o que também é muito frequente). Com a agravante de ter de se considerar nulo um eventual licenciamento que viesse a ocorrer sem que o instrumento de planeamento mais concreto

ESCRITOS PRÁTICOS DE DIREITO DO URBANISMO

tivesse entrado em vigor, nulidade decorrente da violação do próprio plano diretor municipal que fez depender a gestão urbanística naquela área da existência prévia daqueles planos.

As áreas que por opção do plano diretor municipal ficaram sujeitas, sem normas de aplicação supletiva (ou com normas desta natureza, mas de cariz extremamente limitador da ocorrência de operações urbanísticas), a posterior plano de urbanização ou de pormenor (ou seja, as *reservas de urbanização*), para além de criarem autênticos vazios urbanos constituídos por terrenos expectantes enquanto não houvesse plano, correspondiam, ainda, as mais das vezes, a verdadeiros vínculos de inedificabilidade por tempo indeterminado, lesivos da esfera jurídica (e patrimonial) dos proprietários por eles afetados[39].

---

[39] Tais vínculos de inedificabilidade apenas não funcionam quando os planos optam por fixar normas de aplicação supletiva até à entrada em vigor dos planos de urbanização ou de pormenor previstos para a área. A fixação deste tipo de normas tem a vantagem de evitar a paralisação da gestão urbanística até que o plano mais concreto entre em vigor. No entanto, embora as verdadeiras *reservas de urbanização* ocorram nas situações em que o plano diretor municipal não estabelece normas de aplicação supletiva mobilizáveis na ausência dos planos mais concretos, a elas devem também ser reconduzidas as hipóteses em que as referidas normas supletivas tenham um carácter altamente restritivo (apenas permitindo, por exemplo, pequenas intervenções no edificado existente).

Há quem defenda que estes vínculos de inedificabilidade ou, mesmo, o estabelecimento de normas supletivas de carácter restritivo servem como um instrumento cautelar do futuro plano, equiparável às medidas preventivas. Esta equiparação decorreria, desde logo, da idêntica finalidade de ambas as figuras: tal como as medidas preventivas, também estas reservas de urbanização visam impedir que se concretizem, nas respetivas áreas, operações urbanísticas que possam colocar em causa as opções a plasmar nos futuros instrumentos de planeamento, tendo, por isso, uma função cautelar dos mesmos. E esta equiparação teria como consequência uma limitação temporal das referidas *reservas de urbanização* (sujeitas a um prazo máximo de três anos), que, sendo ultrapassada, determinaria ou a sua caducidade ou, no mínimo, o pagamento de uma indemnização ao proprietário afetado (sobre a questão da admissibilidade de vigência das medidas preventivas para lá do prazo máximo, conferindo, contudo, direito a indemnização aos particulares afetados, *vide* FERNANDA PAULA OLIVEIRA/DULCE LOPES, "As medidas cautelares dos planos", in *RevCEDOUA*, nº 10, Ano V_2.02, Coimbra Editora, pp. 50-51).

Não obstante aquela equiparação tenha alguma lógica – sendo até a solução que melhor protegeria os proprietários dos solos integrados nas zonas sujeitas a *reservas de urbanização* pelas consequências que dela decorrem –, a verdade é que este facto não pode fazer-nos esquecer que em causa estão instrumentos ou mecanismos com pressupostos distintos, quer do ponto de vista procedimental, quer do ponto de vista substancial (sobre os pressupostos procedimentais e materiais das medidas preventivas e seus efeitos indemnizatórios, *vide* "As

PLANOS SEM PARÂMETROS E PARÂMETROS FORA DOS PLANOS

No ordenamento jurídico italiano suscitaram-se sérias dúvidas sobre a constitucionalidade da criação destes vínculos de inedificabilidade, tendo o legislador determinado, para as superar, a sua caducidade se os instrumentos de planeamento previstos não fossem aprovados dentro do prazo de cinco anos, embora admitisse a possibilidade de reiteração dos mesmos, desde que devidamente fundamentada, dando lugar, nestes casos, em regra, a indemnização.

Até às alterações introduzidas ao Decreto-Lei nº 380/99, de 22 de setembro, pelo Decreto-Lei nº 316/2007, de 19 de setembro, apenas se podia equacionar, entre nós, como resposta a estas questões, o pagamento de uma indemnização, muito embora nos termos gerais do artigo 143º do RJIGT. Após aquele diploma, a solução passou a ser diferente, já que o artigo 85º, nº 2, do RJIGT passou a apontar para a *caducidade das reservas de urbanização* pela previsão da *caducidade das normas do plano diretor municipal* que determinem a necessária elaboração de planos de urbanização ou de planos de pormenor, estabelecendo este normativo, ainda, quais, nestes casos, as regras urbanísticas a aplicar às referidas áreas. Esta norma permanece praticamente intocada no novo Regime Jurídico dos Instrumentos de Gestão Territorial, aprovado pelo Decreto-Lei nº 80/2015, de 14 de maio (cfr. o nº 2 do artigo 96º)[40].

medidas preventivas dos planos urbanísticos e indemnização", in *RevCEDOUA*, nº 1, 1998, pp. 53 e segs.). Tal equiparação foi recusada pelo Supremo Tribunal Administrativo, que veio afirmar, a propósito das normas supletivas previstas no Plano Director Municipal de Lisboa (acórdão de 14 de março de 2006, proferido no âmbito do processo 0762/05) – algumas das quais extremamente restritivas –, que em causa estão disposições do ordenamento urbanístico da área, isto é, disposições que definem as prescrições ali aplicáveis, sendo estatuições ou normas próprias de planeamento sem carácter temporário, ainda que supletivas, e não medidas preventivas.

Sobre estas "reservas de urbanização", *vide* FERNANDA PAULA OLIVEIRA/DULCE LOPES, *Direito do Urbanismo. Casos Práticos Resolvidos*, Coimbra, Almedina, 2005, reimpressão, caso prático nº 7; e FERNANDO ALVES CORREIA, ANTÓNIO BARBOSA DE MELO, FERNANDA PAULA OLIVEIRA, DULCE LOPES e JOANA MENDES, *Direito do Urbanismo e Autarquias Locais*, Coimbra, Almedina, 2005, pp. 52-55.

[40] O normativo em apreço aplica-se a áreas sujeitas a *reservas de urbanização*, sendo estas, por princípio, como referimos, aquelas que não dispõem de regras supletivas a aplicar na ausência de planos mais concretos. Pode, por isso, parecer estranho que a Declaração de Retificação nº 104/2007, de 6 de novembro, e, posteriormente, o Decreto-Lei nº 181/2009, de 7 de agosto, tenham vindo substituir a redação inicial do nº 2 do artigo 85º, que se referia à "... *ausência de índices, parâmetros e indicadores de natureza supletiva*", pela expressão "*[n]ão obstante a existência de índices, parâmetros e indicadores de natureza supletiva*". Na nossa ótica, a

A cessação dos vínculos de inedificabilidade que incidem sobre áreas sujeitas à aprovação de planos mais concretos depende, contudo, da satisfação de um conjunto de requisitos: (1) que tenha decorrido um prazo de cinco anos sobre a data da entrada em vigor do plano diretor municipal sem que tenha sido aprovado plano de urbanização ou plano de pormenor; (2) que as operações urbanísticas a concretizar se situem em *zona urbana consolidada*, como tal identificada no plano diretor municipal; e (3) que os índices e parâmetros de referência estabelecidos no plano diretor municipal definam os usos e a cércea máxima a observar, bem como os indicadores relativos à definição da rede viária e do estacionamento.

A norma é clara em determinar que o prazo de cinco anos, findo o qual, caso o plano não tenha sido aprovado, caducam os vínculos de inedificabilidade, se conta desde a *entrada em vigor do plano* e não desde a entrada em vigor da norma que veio prever esta caducidade (o Decreto-Lei nº 316/2007). Mais, nestas situações, o RJIGT aponta para uma aplicação direta das normas do plano diretor municipal a quaisquer procedimentos de gestão urbanística, sem intermediação de níveis de planeamento mais concretos: os parâmetros a aplicar, nestes casos, na apreciação das concretas pretensões urbanísticas são os que se encontravam previstos no plano diretor municipal para os planos mais concretos que deveriam ter sido elaborados e não foram.

Como facilmente se pode concluir, esta previsão não abrange todas as situações de *reservas de urbanização* (como as localizadas em *zonas de expansão* ou para as quais o plano diretor municipal não fixe parâmetros a que devam obedecer os futuros planos de urbanização e os planos de pormenor, como é o caso), pelo que terá de se equacionar como superar, nestes casos, a ausência, por parte da Administração municipal, da elaboração dos referidos instrumentos de planeamento.

---

referida correção não visou alterar o âmbito material de aplicação da norma (a sua aplicação às verdadeiras *reservas de urbanização*) – senão tornar-se-ia incongruente –, mas sim abranger situações constantes de planos diretores municipais que, embora contivessem disposições epigrafadas de *normas supletivas*, apenas permitiam, sem a elaboração dos planos mais concretos, intervenções muito restritivas na área em causa (em regra, mera recuperação de edifícios existentes sem alteração de uso), pelo que devem ser consideradas, como referimos antes, como verdadeiras *reservas de urbanização* às quais o referido artigo se deve aplicar.

PLANOS SEM PARÂMETROS E PARÂMETROS FORA DOS PLANOS

Alguns municípios que haviam inserido nos seus planos diretores municipais *reservas de urbanização* do tipo referido, em face da ausência de uma norma que determinasse a caducidade dos vínculos de inedificabilidade delas resultantes e das dificuldades inerentes à elaboração de planos de urbanização ou de pormenor – quer dificuldades de cariz financeiro, quer de celeridade do procedimento –, propuseram-se, em alguns casos, para evitar a paralisação da gestão urbanística que tais reservas provocavam e afastar eventuais pedidos de indemnização, a desencadear alterações aos respetivos planos diretores municipais por forma a que se adicionasse à previsão da elaboração de planos de urbanização ou de pormenor como condições para a gestão urbanística numa determinada área também a emissão de um *alvará de loteamento* ou *delimitação de uma unidade de execução*, os quais, por serem de iniciativa privada, permitiriam superar as dificuldades inerentes aos planos municipais, isto é, ultrapassar a inércia da Administração[41]. Sempre vimos esta solução como legítima[42], quer porque, por um lado, a intervenção urbanística na área deixa de ficar dependente de uma prévia intervenção da Administração – já que os proprietários interessados têm, em qualquer daquelas hipóteses, poder de iniciativa podendo avançar em face da omissão da Administração –, quer porque se continua a garantir a *visão integrada e de conjunto* que se pretendia assegurar com a remissão para planos municipais mais concretos. Deste modo, conciliavam-se os dois interesses em causa: de superação, por um lado, dos vínculos de inedificabilidade estabelecidos pelo plano, e de salvaguarda, por outro, de uma intervenção que perspetive a área na sua globalidade, devidamente enquadrada com os objetivos programáticos e as regras aplicáveis à elaboração dos planos de nível mais concreto.

---

[41] Estamos, obviamente, a referir-nos à situação em que a operação de loteamento e a unidade de execução abrangem *toda a área previamente definida para o plano de pormenor* e não à possibilidade de realização de loteamentos avulsos ou unidades de execução isoladas entre si dentro daquela área (se bem que a mesma unidade operativa de planeamento de gestão admita a delimitação de várias unidades de execução ou operações de loteamento, da mesma forma que pode perfeitamente admitir a elaboração de um ou vários planos de urbanização ou de pormenor).

[42] Cfr. FERNANDO ALVES CORREIA, ANTÓNIO BARBOSA DE MELO, FERNANDA PAULA OLIVEIRA, DULCE LOPES e JOANA MENDES, *Direito do Urbanismo e Autarquias Locais, cit.*, pp. 52 e segs.

ESCRITOS PRÁTICOS DE DIREITO DO URBANISMO

Como atuar, porém, se o plano se limitar a remeter para instrumentos de planeamento municipal mais concretos e não estão verificados os pressupostos para aplicação do então n.º 2 do artigo 85º do RJIGT (atualmente n.º 2 do artigo 96º)?

Na nossa ótica, é relevante ter presente, desde logo, que a previsão, por parte do plano diretor municipal, da elaboração de planos de urbanização ou de pormenor para uma determinada área como condição para a sua gestão urbanística normal corresponde a uma *autovinculação* por parte do município à sua elaboração, eliminando, deste modo, o poder da câmara municipal de deliberar posteriormente se elabora ou não o plano. Tal resulta do facto de o juízo sobre a *necessidade* de elaboração de planos mais concretos ter sido antecipado para o (exercida no) momento em que elaborou o plano diretor municipal.

Ainda assim, embora se possa falar, na maior parte destas situações, num autêntico *dever de planear*, torna-se particularmente difícil determinar o momento a partir do qual o mesmo deve ser levado a cabo, na medida em que, em regra, o plano diretor municipal não determinou o momento concreto em que o procedimento a ele atinente se iniciará ou terá de estar concluído. Pensamos, contudo, que, não obstante a ausência, no plano diretor municipal, da determinação do momento da elaboração destes planos – o que dificulta sobremaneira a determinação, *in concretu*, da existência do referido *dever de planear* ou do momento a partir do qual se pode afirmar ter o mesmo sido violado –, tal prazo deve ser de *cinco anos*. Solução para que aponta a norma que prevê a caducidade da reserva de urbanização no prazo de cinco anos, que deve ser assumido como a consagração no nosso ordenamento jurídico do prazo de cinco anos como o adequado (suficiente) para que um plano de urbanização ou de pormenor previsto seja elaborado e entre em vigor, findo o qual os interessados não devem suportar mais os vínculos de inedificabilidade decorrentes das situações de *reservas de urbanização*. Nas hipóteses previstas no n.º 2 do artigo referido, o decurso de tal prazo determinará a caducidade daqueles vínculos; nas restantes situações, terá de se abrir portas à possibilidade de utilização por parte dos interessados dos meios adequados (designadamente de carácter judicial) para reagir contra a omissão do dever de planear.

Ou seja, e dito de outro modo, fora das situações contempladas na lei para a caducidade dos vínculos de inedificabilidade terá de se considerar que o decurso do prazo de cinco anos sem que os planos municipais mais concretos tenham sido elaborados corresponde à omissão ou ao incumprimento do *dever de elaborar os planos municipais em falta,* podendo o interessado exigir judicialmente o seu cumprimento[43]. E isto sem prejuízo de poder haver lugar a indemnização nos casos em que aquele vínculo de inedificabilidade tenha perdurado por tempo suficiente para causar prejuízos aos proprietários, que ficaram impedidos, por facto imputável à Administração, de utilizar os seus solos para uma finalidade que o plano expressamente lhes reconhece (expropriação do plano)[44].

iv. Não obstante o que foi referido no ponto anterior, a verdade é que, como tivemos oportunidade de referir no ponto *ii.* do presente texto, a norma do regulamento do plano diretor municipal aqui em análise não configura uma qualquer reserva de urbanização. Com efeito, dele não decorre qualquer proibição de ocupação urbanística daquela zona enquanto os planos mais concretos não forem elaborados e os parâmetros constantes do nº 4 da referida norma não são parâmetros a ser cumpridos pelos futuros planos, mas pelas operações urbanísticas (mais especificamente, obras de edificação e operações de loteamento) que se pretendam levar a cabo naquelas áreas enquanto tais planos mais concretos não entrarem em vigor.

Donde a primeira interpretação apontada na consulta não só não tem qualquer base no plano diretor municipal, como uma decisão de indeferimento que a tome como fundamento, para além de estar em contradição com aquele plano municipal, viola manifestamente o princípio da proporcionalidade, ao impedir pretensões que não são proibidas por este instrumento de gestão territorial apenas porque se considera difícil fazer gestão urbanística com base nos únicos dois parâmetros previstos naquele nº 4.

v. Ora, é aqui que entra, precisamente, o disposto no RJUE, em concreto no seu artigo 24º (que identifica os motivos de indeferimento dos pedidos de licenciamento, aplicáveis também aos pedidos de informação

---

[43] Sobre a via judicial para o efeito, cfr. o nosso "Ação sobre (alguns) comportamentos: breves reflexões", in *Comentários à revisão do CPTA e do ETAF,* Lisboa, AAFDL Editora, 2016, pp. 471-473.

[44] Para mais desenvolvimentos sobre esta questão, cfr. o nosso *A Discricionariedade de Planeamento Urbanístico Municipal na Dogmática Geral da Discricionariedade Administrativa,* Coleção Teses, Coimbra, Almedina, 2011, pp. 306 e segs.

prévia das mesmas pretensões). Com efeito, a violação de plano é apenas um dos motivos de indeferimento aí previstos. A este vem o legislador juntar outros, relevantes, na medida em que permitem indeferir uma concreta pretensão que, não obstante cumpra os parâmetros do plano diretor municipal, ainda assim seja desadequada do ponto de vista formal ou funcional. Estes fundamentos assumem particular relevo quando o plano municipal em vigor é um plano diretor municipal com parâmetros mais vagos ou genéricos. Pense-se, por exemplo, numa norma do plano diretor municipal que fixa para uma determinada área um índice máximo de construção que permitirá ao interessado, construir, por exemplo, um edifício com 5 pisos. Imagine-se que tal pretensão se integra numa rua em que os edifícios já erigidos (ainda que o plano preveja um índice máximo superior) têm no máximo 3 pisos. Neste caso, ainda que o plano diretor municipal permita um edifício com mais pisos, pode o pedido ainda assim ser indeferido com fundamento na desadequada inserção urbanística em resultado da desconformidade com as cérceas dominantes e a volumetria das edificações existentes. Trata-se, assim, de uma norma que permite impedir a concretização de uma pretensão que, embora não contrariando o plano municipal, corresponde a uma solução urbanística formalmente desajustada.

Se os motivos de indeferimento constantes do artigo 24º (em especial aqueles referidos *supra* a propósito da eventual segunda interpretação a ser conferida à norma em análise) assumem, em regra, relevo na apreciação das concretas pretensões urbanísticas, o seu relevo é reforçado quando os planos diretores municipais mobilizáveis não definem com rigor os parâmetros aplicáveis ou não os definem de todo.

E isto é assim porque a ausência de normas de planeamento não pode ser invocada como fundamento para que o município não decida: nestes casos, não podendo mobilizar normas de planeamento, terá de apelar para outros normativos que permitam legitimamente indeferir as pretensões urbanísticas, como sucede com o referido artigo 24º do RJUE. Será atendendo ao conjunto de todas estas normas que a decisão terá de ser tomada[45].

---

[45] Cfr., neste sentido, o nosso *Direito do Urbanismo. Perguntas de Bolso, Respostas de Algibeira*, Coimbra, Almedina, 2013, pp. 154-156.

8

A natureza jurídica de lotes situados num loteamento cujas obras de urbanização nunca foram realizadas

i. Foi celebrado, algures em 2006, um contrato-promessa de compra e venda pelo qual um particular prometeu comprar a outro, que lhe prometeu vender por um determinado preço, cinco lotes de terreno resultantes de uma operação de loteamento titulada por alvará.

A título de sinal e princípio de pagamento, o promitente-comprador pagou, naquela data, uma quantia, ficando acordado que o remanescente do preço seria pago por duas vezes: a primeira, num determinado montante, sessenta dias após a assinatura daquele contrato; a segunda, no montante remanescente, no ato da escritura de compra e venda.

Ficou ainda acordado entre as partes que a escritura seria celebrada no prazo máximo de 120 dias a contar da data de registo dos lotes em nome do promitente-vendedor, sempre dentro do prazo máximo de um ano a contar da data da assinatura do contrato-promessa, prazo este que poderia ser prorrogado mas que, em caso algum, poderia ultrapassar os sessenta dias.

Sucede, porém, que embora tenha sido emitido o alvará de loteamento em 2007 e os lotes tenham sido objeto de registo predial em favor do promitente-vendedor, as obras de urbanização destinadas a servi-los nunca chegaram sequer a iniciar-se nem os lotes foram marcados no local (facto certificado pelo presidente da câmara municipal já em 2016).

ESCRITOS PRÁTICOS DE DIREITO DO URBANISMO

Releva aqui o facto de o loteamento ter sido promovido pelo promitente-vendedor em parceria com o município, tendo a realização das obras de urbanização, conforme decorre do respetivo alvará, ficado na responsabilidade desta entidade pública. Talvez por este facto não foi exigido, como em regra sucede, qualquer caução destinada a garantir a sua execução, para além de que, também de forma atípica, não foi fixado qualquer prazo para a conclusão dessas obras.

Refira-se que, apesar de as obras de urbanização nunca se terem sequer iniciado – estando, por isso, a área abrangida pelo loteamento desprovida de quaisquer infraestruturas que a sirvam –, a câmara municipal nunca declarou a caducidade da licença de loteamento.

Em face do exposto, colocou-se a questão de saber, partindo do conceito de loteamento urbano e dos efeitos que decorrem do seu ato de licenciamento, se o objeto do contrato (os lotes para construção) efetivamente existe ou se, pelo contrário, dadas as circunstâncias concretas referidas, tal objeto inexiste no presente momento, tornando impossível a celebração do contrato definitivo.

Vejamos, então.

ii. De todas, a operação urbanística que sempre envolveu maior complexidade foi o *loteamento urbano* (normalmente associado à realização de uma outra, que são as *obras de urbanização*).

Apesar de esta figura ter evoluído ao longo dos vários diplomas legais que a foram regulando[46] – o que denota não estarmos perante uma figura estática, mas dinâmica, que ora foi integrando, ora excluindo do seu âmbito material de abrangência um conjunto de situações com o intuito de fornecer uma resposta adequada aos problemas práticos que a vida quotidiana ia colocando –, o *puctum saliens* das operações de loteamento encontra-se, atualmente, *na recomposição predial* (divisão ou reparcelamento de prédios) – tradicionalmente apenas a *divisão* – que dá origem a *lotes urbanos*, isto é, a novas unidades prediais que detêm um *estatuto jurídico-urbanístico próprio* e *específico*.

---

[46] Os loteamentos urbanos foram regulados, até ao RJUE atualmente em vigor (ainda que este diploma conte já, ele próprio, com algumas alterações de relevo), sucessivamente pelos Decretos-Leis n.ºs 46 673, de 29 de novembro de 1965; 289/73, de 6 de junho; 400/84, de 31 de dezembro; e 448/91, de 29 de novembro.

De facto, uma unidade predial (terreno) com o estatuto de *lote* é diferente de uma unidade predial (terreno) que não tenha esse estatuto: de uma operação de loteamento – seja ela, como sempre foi, uma operação de *divisão fundiária* ou, como agora também é, de *reparcelamento do solo* – resulta sempre a criação de unidades prediais que se configuram como *lotes urbanos*, isto é, como *prédios autónomos* (*novos prédios urbanos* perfeitamente individualizados e objeto de direito de propriedade nos termos gerais), que *se destinam, imediata ou subsequentemente, à edificação urbana* [artigo 2º, alínea *i*), do RJUE].

É efetivamente este último aspeto, ou seja, o *destino* imediato ou subsequente da referida unidade predial a *edificação urbana* – destino que fica, desde logo, isto é, com o licenciamento da operação de loteamento, *definido* e *estabilizado* –, que caracteriza a realidade jurídica que é um *lote* e que o distingue das restantes unidades prediais que não detêm esse estatuto.

Que os lotes são *unidades prediais destinadas a edificação* é o que decorre do próprio alvará de loteamento que serve de título à respetiva licença, já que na identificação que este deles faz consta expressamente, como suas especificações, a concreta *área de construção*, a *área de implantação*, o *número de pisos* e o *número de fogos dos edifícios* a neles implantar, com indicação dos fogos destinados a habitação a custos controlados quando previstos.

E estas prescrições são fundamentais na determinação dos *deveres* e dos *encargos* a assumir pelo promotor do loteamento, deveres e encargos estes que visam, justamente, garantir que a edificabilidade prevista para a área (isto é, para cada lote criado com a operação de loteamento) tem condições para poder ser nela concretizada e que apenas se compreendem em função dos *direitos urbanísticos* que a licença de loteamento *confere*.

De entre esses deveres constam, precisamente, aqueles que se destinam a garantir a obtenção de um adequado ordenamento do território e ambiente urbano exigidos devido ao impacto territorial que decorre da edificabilidade prevista para cada lote: a necessidade de os lotes serem servidos por *áreas destinadas a espaços verdes e de utilização coletiva, infraestruturas* e *equipamentos de utilização coletiva*.

Do afirmado resulta que uma operação de loteamento não gera apenas *lotes urbanos* – estatuto com que ficam as unidades prediais *destinadas a edificação* –, mas também *parcelas* – estatuto que assumem as áreas que,

ESCRITOS PRÁTICOS DE DIREITO DO URBANISMO

no loteamento, se destinam a zonas verdes, a zonas de utilização coletiva, a infraestruturas e a equipamentos, quer sejam *cedidas ao município* (o que sucedeu no presente caso), quer permaneçam propriedade privada, embora com o estatuto especial de *partes comuns dos lotes e dos edifícios que neles venham a ser erigidos.*

Estas parcelas e as finalidades a que elas se destinam, como facilmente se percebe, apresentam-se como condição imprescindível para a viabilização das construções a erigir nos lotes e para que tais construções possam ser utilizadas de um modo urbanisticamente sustentável (quer do ponto de vista *funcional* garantido pelas parcelas destinadas a infraestruturas e equipamentos de utilização coletiva –, quer do ponto de vista *ambiental, paisagístico* e do *ordenamento do território*, garantido pelas parcelas destinadas a espaços verdes e as destinadas a espaços de utilização coletiva), sendo certo que tais parcelas apenas se justificam em função da *edificabilidade prevista* para cada um dos lotes: é o loteamento que, ao transformar os prédios (normalmente rústicos) em *lotes urbanos*, determina uma sobrecarga urbanística justificadora destas mesmas áreas e do respetivo dimensionamento. A finalidade última é garantir a qualidade de vida aos futuros residentes ou utentes da área loteada.

iii. É por a licença de uma operação de loteamento definir, de forma precisa, a edificabilidade admitida para a área – conferindo deste modo, aos interessados, o direito à mesma –, que a lei determina ser no âmbito do procedimento do seu controlo prévio que devem ser cumpridas todas as exigências que permitam a concretização da edificabilidade que ela prevê, exigências essas que ficam a cargo do promotor do loteamento, por ser ele quem promove a operação que as justifica. E estas exigências serão maiores ou menores consoante seja maior ou menor a edificabilidade prevista no loteamento e os usos nele admitidos.

Ou seja, os encargos a assumir pelo promotor do loteamento têm a sua justificação na *edificabilidade* e nos *usos* concedidos pela respetiva licença, sendo indispensável determinar quais são estes direitos para se definir (calcular) aqueles encargos. E embora as edificações a erigir nos lotes estejam, elas mesmas, dependentes, em regra, de um procedimento de controlo preventivo a desencadear em momento posterior, é a operação de loteamento onde as mesmas se vão implantar que, por as preverem e admitirem de forma precisa, implica uma sobrecarga no território justificadora daqueles encargos.

Ou seja, é o loteamento que, ao transformar os prédios rústicos em *lotes urbanos*, determina uma sobrecarga justificadora daqueles deveres que, por isso, têm de ser cumpridos pelo respetivo promotor sob pena de aquela edificabilidade não poder ser concretizada.

É pois a este (promotor do loteamento) que cabe o encargo de *dotar a área de todas as características destinadas a servir as edificações a erigir*, designadamente as necessárias a garantir qualidade de vida dos futuros utentes ou residentes. Assim, é quem promove a operação de loteamento que tem de *prever as áreas destinadas a espaços verdes e de utilização coletiva, a infraestruturas viárias e a equipamentos*, de acordo com os parâmetros de dimensionamento constantes de plano municipal de ordenamento do território (nº 1 do artigo 43º), áreas essas que tanto podem permanecer propriedade privada, como ser cedidas ao município (cfr. artigo 44º).

O promotor do loteamento tem ainda, por forma a permitir o cumprimento do fim a que se encontram destinados os lotes (edificação urbana), de realizar as respetivas *obras de urbanização* (prestando caução que garanta a sua regular execução – artigo 54º) e de *pagar a taxa pela realização de infraestruturas urbanísticas* (artigo 116º), que corresponde à contrapartida da realização, pelo município, de infraestruturas gerais originadas pela operação de loteamento (integrando-se na noção genérica de infraestruturas os espaços verdes e equipamentos), por contraposição às infraestruturas locais [obras de urbanização, conceito que, nos termos da alínea *i)* do artigo 2º do RJUE, claramente integra aqueles espaços], que são, como vimos, da responsabilidade do promotor do loteamento.

De onde resulta que, por proceder à *constituição de lotes*, o promotor do loteamento tem de cumprir um conjunto de encargos que garantam a efetiva capacidade de os mesmos serem destinados para o fim para que são criados: a edificação urbana. Apenas com o cumprimento daqueles encargos a edificabilidade decorrente do loteamento pode ser concretizada.

iv. Sendo os lotes resultantes de uma operação de loteamento unidades prediais com uma *capacidade edificativa precisa* servidos, por forma a garantir a efetiva concretização daquela edificabilidade, pelas *necessárias infraestruturas urbanísticas* – as quais devem ser realizadas dentro de determinados prazos, ainda que a edificação nos lotes apenas surja mais tarde – e por áreas verdes e de utilização coletiva e equipamentos –, que

ESCRITOS PRÁTICOS DE DIREITO DO URBANISMO

ficam logo previstas ou, sendo caso disso, são imediatamente cedidas ao município para aqueles fins (não podendo ser destinadas a outros, sob pena de reversão) –, bem se compreende que, no mercado, um lote integrado num loteamento tenha um valor mais elevado que um prédio não abrangido por este tipo de operação. É que, quem compra um lote, compra não apenas *um novo prédio*, mas um *prédio destinado a construção* (nos termos e para os fins nele especificamente identificados), devidamente *infraestruturado* (existem pelo menos garantias de que as infraestruturas serão realizadas, se não diretamente pelo promotor, pelo menos pela câmara ou pelos próprios adquirentes dos lotes à custa daquele) e com uma *capacidade edificativa* precisa e concretamente definida (dado que, para cada lote, o alvará de loteamento identifica não apenas o fim da edificação, mas também a respetiva área de construção, a área de implantação, o número de fogos e o número de pisos). Ou seja, não paga apenas a parcela de terreno, mas, também, a capacidade edificativa nele incorporada por força da licença de loteamento e o facto de, por esse motivo, a parcela estar devidamente servida pelas infraestruturas urbanísticas que viabilizam a finalidade para a qual tais lotes foram constituídos.

É, aliás, em função desta previsão que se determina, como vimos, a sobrecarga da operação no território e, deste modo, o montante dos encargos a assumir pelo promotor, que, naturalmente, os repercutirá no valor dos lotes. E é por este facto também que o artigo 116º determina que no âmbito do procedimento para a construção a erigir nos lotes em área abrangida por operação de loteamento ou alvará de obras de urbanização não há lugar ao pagamento da taxa de urbanização. Com efeito, tendo a área sido abrangida por operação de loteamento, o lote a construir já está servido por infraestruturas locais (realizadas pelo promotor), tendo as infraestruturas gerais sido já objeto de taxas. A não exigência de taxas no momento da construção nos lotes visa, assim, desde logo, evitar uma dupla tributação do mesmo facto.

Poderia pensar-se, sendo este o fundamento para a não cobrança da taxa, que, se por qualquer motivo a taxa de urbanização não tiver sido cobrada aquando da licença do loteamento – como acontece quando este é de iniciativa pública ou quando tenha sido decidida a concessão de uma isenção do pagamento desta taxa ao respectivo promotor –, que a mesma poderia ser cobrada aquando da construção nos lotes, já que nesta situação não haveria uma dupla tributação do mesmo facto. A solução não pode, porém, ser esta. Com efeito, atento o regime aqui definido, o legislador não faz depender, nos casos em que exista operação de loteamento, a cobrança desta taxa do facto de a mesma ter sido ou não cobrada no momento do seu licenciamento. Pelo contrário, faz depender a sua cobrança da circunstância de a construção ter sido, ou não, antecedida de operação de loteamento e de obras de urbanização. Tal assim é pelo facto de, tendo havido aquelas operações, as mesmas serem determinantes do valor dos lotes em causa (por se tratar de operações que criam lotes adequados a servir as edificações a erigir e, por isso, devidamente infraestruturados), o que significa que, neste caso, a comparticipação que é feita nas despesas de infraestruturação da zona ocorre, não de forma direta, através do pagamento da taxa, mas indiretamente pela integração de parte do custo daquelas infraestruturas no preço do lote. Significa isto, dito de outro modo, que a existência de infraestruturas que sirvam os lotes é um fator de valorização destes, incorporado no preço que os adquirentes dos lotes por eles pagam.

Seria, aliás, altamente atentatório da confiança dos particulares que adquirem no mercado imobiliário *lotes destinados a construção* integrados em loteamentos e, por isso, com a garantia de estarem devidamente infraestruturados e servidos pelos necessários espaços verdes e equipamentos, exigir, precisamente pelo mesmo facto (a realização daquelas infraestruturas), o pagamento da taxa respetiva.

v. Justamente porque os lotes passam a ter este especial estatuto – de serem destinados a edificação e estarem preparados para o efeito –, o qual aumenta o seu valor no mercado, o legislador veio criar um conjunto de regras destinadas a salvaguardar terceiros adquirentes de lotes, onde se integram as atinentes à garantia da realização efetiva das obras de urbanização (artigos 54º, 84º e 85º); à identificação do alvará na publicidade à alienação dos lotes (artigo 52º); à publicidade do alvará nos negócios jurídicos que sobre eles ou sobre edificações neles erigidas venham a ocorrer (artigo 49º); ao cumprimento do alvará pelo promotor, pela câmara municipal e pelos restantes adquirentes dos lotes, etc.

E é também por os lotes resultantes de um loteamento terem este estatuto especial que o licenciamento desta operação tem claras repercussões do ponto de vista fiscal, já que passa a ser considerado, para este

ESCRITOS PRÁTICOS DE DIREITO DO URBANISMO

efeito, como prédio para construção (passando a deter um número de artigo matricial próprio, descrito com as especificações constantes do alvará de loteamento, sendo objeto de avaliação de acordo com os parâmetros da simulação de avaliação patrimonial, para o que é sempre considerada a capacidade construtiva para ele definida).

vi. Voltando ao caso, e se bem entendemos a vontade das partes expressa no contrato-promessa de compra e venda de 5 lotes e atendendo, até, ao valor convencionado que constava do contrato, não temos dúvidas em concluir que o que o promitente-comprador prometeu comprar foi um conjunto de prédios com um *estatuto jurídico específico*: o de lotes destinados a construção e preparados para a "receber".

vii. Se um lote resultante de uma operação de loteamento é uma unidade predial destinada, de forma concreta e precisa, à edificação urbana – e se só o é se estiver servida por infraestruturas urbanísticas –, pergunta-se o que sucede a esse lote se as referidas infraestruturas não vierem a ser realizadas nos prazos definidos.

Ora, o RJUE (diploma ao abrigo do qual foi aprovado o loteamento aqui em apreço) prevê nestas situações, desde a sua versão inicial, a *caducidade do ato de licenciamento da operação de loteamento*[47]. De referir que se apresenta como causa de caducidade não apenas a *não conclusão* das obras de urbanização no prazo estipulado[48], mas também o seu *não início* num determinado lapso temporal (atualmente são 12 meses) ou, tendo estas obras sido iniciadas, a sua *suspensão* ou *abandono* também por um determinado período de tempo (atualmente 6 meses).

E embora a caducidade dependa de uma prévia declaração por parte da câmara municipal, não é menos certo que o atual nº 5 do artigo 71º

---

[47] Embora as obras de urbanização correspondam a uma operação distinta da operação de loteamento, a verdade é que, estando intimamente relacionada com esta, o legislador determina que a sua não realização tem como consequências a caducidade da própria licença de loteamento (cfr. n.º 1 do artigo 71º).

[48] Refira-se que, atipicamente, no presente caso não foi fixado, como devia, o prazo máximo para a realização das obras de urbanização, o que torna difícil determinar o momento a partir do qual caduca a licença de loteamento se aquelas obras não chegarem a ser concluídas. Em todo o caso, existem outras causas de caducidade, como o não início ou a suspensão ou o abandono das obras num determinado lapso de tempo, que não podem deixar de ser aqui mobilizadas.

determina, expressamente, o dever de emissão de tal declaração *verificados que estejam os respetivos pressupostos*[49].

É certo que, por regra, a caducidade pode ser revertida, na medida em que, tendo sido prestada caução (que se traduz num dever do promotor), existem vias alternativas para que as obras de urbanização venham a ser realizadas e, deste modo, para que se possa concretizar a edificabilidade prevista para cada lote (artigos 84º[50] e 85º[51]). No presente caso, porém, estas vias não podem ser mobilizadas na medida em que não foi prestada qualquer caução[52].

Ora, é o próprio RJUE que expressamente estabelece quais são os efeitos que decorrem da declaração de caducidade (no pressuposto, precisamente, de as obras de urbanização não terem sido realizadas e, por isso, os lotes não poderem ser destinados a edificação urbana, por não estarem por elas servidos).

Desde logo determina o nº 1 do artigo 79º que a declaração de caducidade tem como efeito a cessação da eficácia do ato autorizativo, devendo, por isso, ser cassado o alvará que lhe servia de título. Na medida em que, no caso dos loteamentos urbanos, está em causa a cassação de títulos que serviram de base ao registo dos factos nele constantes, a cassação do alvará terá, naturalmente, efeitos registais, pelo que aquela extinção deve, nos termos da lei, ser comunicada à conservatória do

---

[49] Temos considerado que esta declaração continua a envolver, não obstante este facto, alguma discricionariedade por parte da Administração, principalmente naqueles casos em que não faça sentido tal declaração porque, por exemplo, o promotor demonstra, de forma inequívoca, que pretende executar as obras de urbanização em falta e, assim, superar a caducidade. Cfr. Fernanda Paula Oliveira, Maria José Castanheira Neves e Dulce Lopes, *Regime Jurídico da Urbanização e da Edificação. Comentado*, 4ª ed., *cit.*, comentário ao artigo 71º. Não é isso, porém, o que sucede no presente caso.

[50] A lei prevê, neste artigo, que se o promotor o não fizer, a câmara municipal pode realizar as obras de urbanização à conta dele utilizando para o efeito a caução.

[51] No caso de a câmara, ao abrigo do artigo 84º, não realizar as obras de urbanização, o artigo 85º admite que o adquirente do lote possa realizá-las por conta do promotor, requerendo para o efeito autorização judicial para utilizar a caução.

[52] Esta solução baseou-se, em nosso entender, num pressuposto errado: de que a caução serve como garantia da câmara municipal (para que esta possa realizar as obras de urbanização se o promotor as não fizer) – assumindo-se que, no caso, porque seria a câmara a realizar as obras de urbanização, não tinha de se garantir perante si própria –, quando a verdadeira função da caução é garantir *terceiros adquirentes de lotes* perante a inércia do loteador ou da câmara.

ESCRITOS PRÁTICOS DE DIREITO DO URBANISMO

registo predial para efeitos de *anotação à descrição* ou de *cancelamento do registo do alvará* (artigo 79º, nº 2).

Esta solução legal – de eliminação dos efeitos registais em consequência da declaração de caducidade de um ato de licenciamento – está em consonância com o regime da caducidade, o qual, ao determinar a improdutividade jurídica do ato, levaria à necessidade de destruição de todas as consequências típicas do licenciamento da operação de loteamento, que se traduzem, em primeiro lugar, no *fracionamento da propriedade* e, em segundo lugar, na *criação de lotes urbanos*, isto é, de novas unidades prediais com uma capacidade e um uso edificativos precisos (lotes urbanos). Isto corresponderia, em termos práticos e em última instância, à reposição da situação jurídica anterior – no caso, o regresso à situação cadastral anterior ao ato autorizativo do loteamento.

Não é isso, porém, que vem defendendo o Instituto dos Registos e do Notariado numa posição, com a qual concordamos, que consta da deliberação proferida no âmbito do Processo RP 52/2013 STJ-CC, acompanhada de alguma, já sonante, jurisprudência administrativa (Acórdãos do STA de 31 de janeiro de 2008, proferido no processo 0764/07, e de 28 de novembro de 2007, proferido no processo 0766/07), segundo a qual a caducidade *não apaga a divisão fundiária subjacente*, não operando a reversão dos lotes (agora parcelas, que mantêm a mesma descrição predial) para o prédio originário nem criando situações complexas de compropriedade. Operada a caducidade, o que deixa *é de ser possível a construção nos lotes ao abrigo desse loteamento.*

E é precisamente nesse sentido que dispõe atualmente a alínea *c)* do nº 7 do artigo 71º do RJUE, segundo a qual *"a caducidade não produz efeitos, ainda, quanto à divisão ou reparcelamento fundiário resultante da operação de loteamento, mantendo-se os lotes constituídos por esta operação* [em boa verdade, se se "apagam" as prescrições urbanísticas dos lotes, estes deixam de ter este estatuto, passando a ser meras parcelas], *a respetiva área e localização e* extinguindo-se as demais especificações relativas aos lotes, *previstas na alínea e) do nº 1 do artigo 77º"* (realce nosso).

Ou seja, caducando o loteamento, não desaparecem as novas unidades prediais que dele haviam resultado, mas estas, que tinham o estatuto de lote, perdem a capacidade edificativa que constava das suas especificações, isto é, perdem tal estatuto: deixam de ser unidades prediais com uma concreta e precisa capacidade edificativa, para passarem a ser

A NATUREZA JURÍDICA DE LOTES SITUADOS NUM LOTEAMENTO

meras parcelas que terão ou não capacidade edificativa em função do que determinarem os instrumentos de ordenamento em vigor e (na medida em que) sejam servidos por infraestruturas (no caso, não sendo estas realizadas, não poderão os lotes ser destinados à construção).

Esta é a consequência de o estatuto de lote urbano estar dependente da concreta existência destas infraestruturas: sem elas, não existem, efetivamente, lotes urbanos, mas meras parcelas desprovidas da capacidade edificativa que o loteamento lhes tinha conferido.

Esta posição é reforçada pela jurisprudência: veja-se, a título de exemplo, o Acórdão do STA de 27 de novembro de 2013, proferido no processo 076/13, onde se considerou que a caducidade da licença de loteamento, *ao extinguir os direitos edificatórios a que se reporta*, produz efeitos nos lotes criados por força do licenciamento, pelo que, *deixando estes de existir como tais*, não pode sobre eles incidir Imposto Municipal sobre Imóveis.

Note-se que esta situação não muda se, estando presentes os pressupostos para a declaração de caducidade (não realização das infraestruturas), a câmara municipal não a tenha, como na presente situação, proferido. Neste caso, tem aplicação o disposto no nº 4 do artigo 57º do RJUE, segundo o qual a construção em lotes resultantes de um loteamento não pode ocorrer antes da receção provisória das obras de urbanização ou da prestação da caução a que se refere o artigo 54º[53].

Como já tivemos oportunidade de escrever a propósito desta norma, a mesma parece, por um lado, muito exigente – pois impõe que as obras de urbanização já tenham sido provisoriamente recebidas, isto é, já estejam concluídas –, mas é, afinal, demasiado permissiva – por se bastar, para que possa haver construção no lote, com a existência da caução que deve sempre existir[54]. Uma forma de moderar esta solução de "8 ou 80" é admitir a construção nos lotes apenas e quando *as obras de urbanização*

---

[53] Daqui resulta, como é fácil de perceber, que se nestas situações for requerida uma licença de construção para os lotes em causa (ou apresentada uma comunicação prévia), a mesma terá de ser indeferida (ou inviabilizada a execução da obra, no caso de comunicação prévia), o que significa a impossibilidade de os lotes serem utilizados para os fins a que se destinam. Caso, por lapso, fosse licenciada a obra, o edifício erigido não estaria em condições de funcionar, não podendo passar-se, quando concluído, a respetiva autorização de edificação.

[54] Cfr. Fernanda Paula Oliveira, Maria José Castanheira Neves e Dulce Lopes, *Regime Jurídico da Urbanização e da Edificação. Comentado*, 4ª ed., *cit.*, comentário ao artigo 57º.

do loteamento se encontrem em estado adequado de execução, isto é, num estado tal que permita que a construção a erigir no lote disponha dos requisitos necessários ao respetivo funcionamento, designadamente garantindo a sua ligação às redes de serviços básicos que, por isso, já devem existir, pelo menos para servir aqueles lotes[55].

Ora, se atentarmos na situação concreta que está subjacente a este texto, tendo em conta o que foi referido anteriormente, podemos afirmar o seguinte:

(i) As obras de urbanização do loteamento aqui em causa *não chegaram sequer a iniciar-se*, sendo certo que o responsável pela sua execução (a câmara municipal) tinha um prazo para o fazer, sob pena de caducidade;

(ii) Apesar de ter ocorrido uma das situações geradoras da caducidade da licença de loteamento (o *não início da obra* no prazo definido na lei), esta não foi, porém, como devia, declarada pela câmara municipal;

(iii) Contudo, o presidente da câmara certificou em 2016 este mesmo facto, o que não pode deixar de conter em si mesmo um reconhecimento da verificação dos pressupostos para a declaração daquela caducidade;

(iv) Em todo o caso, e independentemente da declaração de caducidade, os lotes em causa não podem, nas circunstâncias atuais, ser destinados a construção: por um lado, porque não existem quaisquer obras de urbanização (infraestruturas) que os sirvam; por outro, porque não foi prestada caução que garanta a sua execução, donde ter de concluir-se que caso fosse apresentada, no momento atual, uma licença de construção para um dos lotes prometidos comprar, a mesma teria de ser indeferida por força do disposto do nº 4 do artigo 57º do RJUE;

(v) Acresce que não há, no presente momento (vários anos volvidos sobre a emissão do alvará e desde o fim do prazo para a celebração do contrato definitivo), qualquer garantia de que aquelas

---

[55] Porque tal solução não está prevista na lei, temos aconselhado os municípios a integrarem nos respetivos regulamentos municipais a exigência, nestes casos, de que as obras de urbanização estejam em estado adequado de execução para garantir a funcionalidade do novo edifício, concretizando que *estado adequado* corresponde a um estádio de execução que permita a ligação e o funcionamento do edifício erigido no lote.

unidades prediais virão, efetivamente, a estar dotadas das características que permitam a construção que para elas estava prevista.

Tudo visto não podemos deixar de concluir, sem margem para dúvidas, que, ainda que aquelas unidades prediais figurem no registo como *lotes*, as mesmas, dadas as circunstâncias jurídicas e de facto que as envolvem, não detêm atualmente o estatuto jurídico de *lotes urbanos*. É que, e como foi devidamente explicado, para estarmos perante verdadeiros lotes não basta que os mesmos estejam registados como tal, sendo imprescindível ainda que estejam devidamente servidos não apenas por infraestruturas urbanísticas (obras de urbanização), mas também por espaços verdes e de utilização coletiva bem como por equipamentos (cujas parcelas foram cedidas ao município para estas finalidades) ou, no limite, esteja garantida a sua existência, o que não sucede no caso.

E não se pode esquecer que o que o promitente-comprador prometeu comprar e a contraparte no contrato-promessa prometeu vender foram *lotes de terreno destinados à construção urbana* (e não parcelas não urbanizadas e sem as infraestruturas necessárias à utilização de edificações que nelas alguém porventura queira edificar).

viii. Em face do exposto, tendo como pressuposto o conceito de loteamento urbano, não podemos senão concluir que os lotes que foram objeto do contrato-promessa não tinham, à data estipulada para a celebração do contrato definitivo – como não têm na presente data –, as características, qualidades e aptidões de facto pressupostas em qualquer *loteamento urbano*. O que torna impossível a celebração do contrato definitivo, por inexistir o objeto sobre o qual ele versaria.

9
Unificação de parcelas/lotes resultantes de dois loteamentos distintos: como proceder?

i. É relativamente frequente, na prática urbanística, a promoção de alterações a loteamentos urbanos (concretamente, às especificações constantes dos lotes), por forma a concretizar uma pretensão que neles não tem acolhimento.

Menos frequente é a situação em que a concretização dessa pretensão pressupõe intervir sobre vários lotes. Não raras vezes essa pretensão é do próprio município, como ilustra a seguinte situação em que um município pretende proceder à unificação de três lotes de que é proprietário para erigir um centro de saúde no único lote resultante dessa unificação. São as seguintes as características dos referidos prédios:

  (i) Prédio 1, cedido ao município no âmbito de um loteamento (alvará nº 1) destinado a equipamento;
  (ii) Prédio 2, correspondente a um lote escriturado a favor do município resultante de um outro loteamento (alvará nº 2);
  (iii) Prédio 3, correspondente a outro lote escriturado a favor do município resultante do mesmo loteamento (alvará nº 2).

Todos estes prédios são contíguos e o somatório da área dos três permite a concretização da pretensão municipal.

Estamos, assim, perante uma pretensão que incide sobre uma área que é abrangida por dois loteamentos distintos, objeto de diferentes

ESCRITOS PRÁTICOS DE DIREITO DO URBANISMO

processos de licenciamento e cada um deles titulado pelo respetivo alvará, a que acresce que a aludida pretensão visa unificar unidades prediais com estatutos jurídico-urbanísticos distintos: *dois lotes* (resultantes de uma operação de loteamento) e uma *parcela cedida ao município para equipamento* (no âmbito de outro loteamento).

Este aspeto é relevante na medida em que as operações de loteamento, ainda que tenham visto o seu regime jurídico evoluir ao longo dos anos, sempre corresponderam a uma importante operação de intervenção no território pela qual se definem as condições da ocupação urbanística da área sobre que incidem, visando a criação de novos prédios com um estatuto jurídico determinado: o de *lotes urbanos*, isto é, de novas unidades prediais que se destinam imediata ou subsequentemente à edificação urbana (e cujos parâmetros urbanísticos são, por regra, logo definidos com precisão), e o de *parcelas*, que, por causa da carga urbanística provocada pelos lotes, o promotor do loteamento tem de prever de modo a dotar a área das características urbanísticas que permitam a efetiva implantação (e em boas condições) das edificações previstas para aqueles lotes. Releva, aqui, o encargo do promotor do loteamento de dotar a área de todas as condições que permitam servir as edificações a erigir nos lotes e, deste modo, garantir *qualidade de vida dos futuros utentes ou residentes*, de entre as quais se encontra a dotação da área de parcelas destinadas a equipamentos de utilização coletiva. Sem estas áreas destinadas a servir diretamente os lotes resultantes do loteamento, estes não podem desempenhar cabalmente a sua finalidade, que é a de se destinarem a construção para usos humanos.

Servindo, assim, em geral, as referidas áreas, em especial as destinadas a equipamentos de utilização coletiva, para garantir a qualidade de vida (através da prestação de serviços às populações dos locais onde se instalam), não é comum que estes equipamentos sejam vistos como uma carga no território; pelo contrário, são vistos como um "desafogo" ou "descompressão" (*compensação* ou *contrapartida*) da carga urbanística resultante da restante ocupação urbana (lotes) prevista para aquela área territorial.

Por isso é que, por regra, os equipamentos de utilização coletiva não são considerados um *gravame* para o território, mas antes um desafogo, de tal forma que devem beneficiar de parâmetros próprios que potenciem a sua instalação. Estes parâmetros têm, nos equipamentos de utilização coletiva, de estar ligados à específica função que eles desempenham, apresentando-se como uma condição para o exercício adequado da mesma.

Ou seja, os parâmetros a que devem obedecer os equipamentos a instalar nas parcelas a ele afetas são os necessários para garantir a sua funcionalidade, tendo em consideração a sua localização, o tipo de serviços que prestam e o grau da sua utilização (acesso e permanência) pelos seus utentes, não lhes devendo ser aplicados os parâmetros gerais pensados para as atividades urbanísticas ditas normais (designadamente comerciais e de serviços correntes), que "sobrecarregam" o território.

ii. Um outro aspeto que é necessário ter em atenção no presente caso é que uma licença de loteamento, como ato real que é, define as condições da ocupação urbanística da área por ela abrangida, sendo as suas prescrições vinculativas para o promotor do loteamento, para a câmara municipal e para terceiros adquirentes dos lotes (cfr. n.º 3 do artigo 77.º do RJUE).

Deste ponto de vista, as prescrições constantes de uma licença de loteamento têm a mesma força jurídica que um plano municipal: por isso a lei prevê a mesma consequência para a violação de ambos os instrumentos, que é a nulidade [alínea *a*) do artigo 68.º do RJUE].

Isto não significa que estas prescrições sejam imutáveis: sempre que as mesmas se tornem desadequadas ou evoluam as conceções que estiveram subjacentes à sua aprovação, podem ser objeto de alteração. A possibilidade de alteração de loteamentos aprovados foi sempre, aliás, contemplada nos vários diplomas legais que sucessivamente regularam esta atividade urbanística.

Não estando verificados os pressupostos, mais excecionais, do artigo 48.º do RJUE (alteração para execução de um plano entrado em vigor em momento posterior à aprovação do loteamento), aplica-se às alterações aos loteamentos o disposto no artigo 27.º, que admite *alterações por iniciativa dos interessados*, considerando-se interessados, para este efeito, todos aqueles que sejam titulares de direitos que lhes permitam realizar a alteração pretendida, designadamente os proprietários dos lotes.

Nestes termos, e como já tivemos oportunidade de afirmar, os interessados tanto podem ser particulares como a própria câmara municipal relativamente a lotes ou parcelas de que o município seja proprietário[56].

---

[56] Cfr. Fernanda Paula Oliveira, Maria José Castanheira Neves e Dulce Lopes, *Regime Jurídico da Urbanização e Edificação. Comentado*, 4ª ed., *cit.*, comentário 5 ao artigo 27.º.

ESCRITOS PRÁTICOS DE DIREITO DO URBANISMO

Sendo possível a câmara municipal promover, em relação a lotes/parcelas que lhe pertençam, alterações a um loteamento (no caso, a alteração a dois loteamentos em simultâneo), tem a mesma de se sujeitar às exigências previstas no artigo 27º destinadas a garantir terceiros adquirentes de lotes [concretamente, a exigência de que não exista *"oposição escrita dos titulares da maioria da área dos lotes constantes do alvará"* (nº 3) e a sujeição a discussão pública quando a mesma esteja prevista em regulamento municipal ou quando sejam ultrapassados alguns dos limites previstos no nº 2 do artigo 22º (nº 2)].

Esclareça-se que esta alteração também pode incidir sobre parcelas que, no âmbito de um loteamento, tenham sido cedidas para o domínio público municipal[57], posto que se garanta o cumprimento dos parâmetros de dimensionamento das áreas destinadas a usos coletivos que, nos termos da lei, sejam exigidos. É isso que decorre do Acórdão do STA de 9 de julho de 1996, proferido no processo 031 321: o ato de alteração pode permitir que sejam retiradas do domínio público parcelas de terreno que, de acordo com a conceção urbanística da operação de loteamento inicial, aí haviam sido integradas, desde que tal cedência deixe de se justificar perante o novo projeto (de alteração) e desde que o loteamento, resultante da alteração, continue a cumprir as exigências de dimensionamento de áreas para fins coletivos[58]/[59].

---

[57] Cfr. FERNANDA PAULA OLIVEIRA, MARIA JOSÉ CASTANHEIRA NEVES e DULCE LOPES, *Regime Jurídico da Urbanização e Edificação. Comentado*, 4ª ed., *cit.*, comentário 8 ao artigo 27º.

[58] Neste sentido, cfr. o Acórdão do STA de 20 de outubro de 1999, processo 044 470 (*vide* a nossa anotação a este acórdão "Cedências para o domínio público e alterações a loteamento: como conciliar?", in *Cadernos de Justiça Administrativa*, nº 21, maio/junho, 2000).

[59] Quanto à competência para a redefinição das cedências no âmbito das alterações ao loteamento consideramos desnecessária a intervenção da assembleia municipal, uma vez que não estamos no domínio de um procedimento especificamente direcionado para a desafetação ou afetação de bens do domínio público municipal – procedimento este de iniciativa municipal e para o qual tem competência a assembleia municipal –, mas de um procedimento, de iniciativa do interessado, de alteração à licença inicialmente emitida, e que se cifra, entre outros dados normativos, na reformulação do mapa de cedências. Esta asserção, assente na diferente configuração destes dois procedimentos, é confirmada pelo princípio do paralelismo de competências, já que se é da competência da câmara municipal o licenciamento de operações urbanísticas (artigo 5º, nº 1, do RJUE), do qual resulta a definição de cedências e a sua integração no domínio municipal – que opera por efeito da emissão do alvará –, também deverá ser da competência daquele órgão a redefinição das cedências a efetuar no âmbito de uma alteração ao loteamento. Fazer intervir, nesta sede, a assembleia municipal,

iii. Ainda a propósito das alterações, nada impede que as mesmas possam consistir na integração, num loteamento preexistente, de parcelas inicialmente por ele não abrangidas; e nada impede que tal alteração consista na exclusão, da área do loteamento inicial, de parcelas/lotes inicialmente aí integradas/os.

A primeira situação pode tornar-se mais complexa nos casos em que a alteração envolve distintos proprietários. Com relevo do ponto de vista registal, cfr. o Proc. R.P. 106/2008 SJC-CT do Instituto dos Registos e do Notariado, segundo o qual *"3 – Decorrendo dos documentos juntos ao procedimento de licenciamento da alteração da operação urbanística e do próprio licenciamento o acordo de vontades entre o município e o proprietário dos lotes envolvidos naquele pedido de licenciamento quanto à transmissão da parcela de terreno em causa, o aditamento ao alvará de loteamento constituirá título não apenas do licenciamento da alteração da transformação fundiária, mas também da desafectação do domínio público e da transmissão da parcela de terreno do município para o proprietário dos lotes"*.

Também na prática urbanística se têm colocado problemas que se prendem com a ausência de registo de alguns loteamentos aprovados numa altura em que este trâmite não era obrigatório. Neste caso, dada a ausência de registo do título inicial, tem-se mostrado difícil registar as alterações àqueles, dificuldade esta agravada pela circunstância de muitos lotes terem sido objeto de negócios jurídicos e desanexados (como prédios urbanos) do prédio mãe, o que complexifica a base de legitimidade registal, que não pode ser ignorada no âmbito da alteração ao loteamento.

Esclareça-se, a este propósito, que o facto de um determinado loteamento não estar registado, não apaga a sua existência do ponto de vista

---

para além de desnecessário, seria espúrio, pois equivaleria a conferir-lhe uma competência que a legislação lhe não atribui: a de definir os termos em que um projeto urbanístico deve ser aprovado. Com efeito, a ser-lhe dada a possibilidade de não aprovar a desafetação de um bem do domínio público, este órgão municipal estaria claramente, ainda que de forma indireta, a decidir sobre uma alteração a um loteamento. Por último, quer-nos parecer que o RJUE, desde a formulação introduzida pela Lei nº 60/2007, de 4 de setembro, aponta inequivocamente neste sentido, já que as cedências no âmbito de operações urbanísticas passam a poder ser realizadas para o domínio privado do município, o que demonstra a inerente distinção entre a tradicional afetação/desafetação do domínio público municipal e a cedência de áreas para o município no âmbito de operações urbanísticas. Cfr. Fernanda Paula Oliveira, Maria José Castanheira Neves e Dulce Lopes *Regime Jurídico da Urbanização e Edificação. Comentado*, 4ª ed., *cit.*, comentário ao artigo 27º.

ESCRITOS PRÁTICOS DE DIREITO DO URBANISMO

jurídico nem a sua vinculação. Com efeito, do ponto de vista administrativo, os direitos e deveres do promotor de um loteamento urbano decorrem da respetiva licença, ganhando eficácia com a emissão do correspondente alvará, tendo o registo mera natureza de publicidade declarativa. Por isso, não podem o promotor, o adquirente de um lote ou o próprio município considerar-se "isentos" de cumprir as regras constantes do loteamento apenas porque o mesmo não foi registado, nem pode a câmara municipal licenciar em violação da licença apenas porque o respetivo alvará não foi objeto do mesmo registo.

A falta de registo do alvará apenas terá consequências nas relações privadas, designadamente entre o promotor do loteamento e os adquirentes dos lotes para efeitos de apuramento da responsabilidade civil que eventualmente caiba. Este facto é confirmado por a lei já não referir, como fazia no nº 3 do artigo 29º do Decreto-Lei nº 448/91, que os terceiros adquirentes dos lotes apenas se encontravam vinculados pelas prescrições do alvará desde que constantes do registo predial.

iv. Tendo em conta o que referimos nos pontos anteriores, resulta que a pretensão em causa – unificação de dois lotes de um loteamento a uma área cedida ao município para equipamento de outro loteamento territorialmente contíguo – implicará uma alteração simultânea e articulada dos dois.

Juridicamente esta alteração não se apresenta como complexa já que o município é o proprietário de todas as parcelas/lotes envolvidas/os, estando, deste modo, garantida a legitimidade de base exigida (tanto urbanística como registal); terá apenas de se dar cumprimento ao disposto no artigo 27º do RJUE quanto às exigências acrescidas de legitimidade (que visam a garantia de terceiros).

Uma vez que, do ponto de vista urbanístico, a alteração pretendida incide sobre dois loteamentos distintos, a mesma só será possível desde que cada um deles, depois das alterações (e atendendo a estas), continue a cumprir as normas em vigor, designadamente no que concerne aos parâmetros de dimensionamento das áreas para finalidades coletivas (na proporção da alteração).

Esta alteração simultânea terá como consequência, por um lado, a diminuição da área de abrangência de um dos loteamentos e, por outro, o aumento, na correspondente proporção, da área do outro loteamento.

As hipóteses são várias do ponto de vista urbanístico. Vejamos:

- **Hipótese 1:** a alteração passa por aumentar a área do loteamento titulado pelo alvará nº 2, unificando os dois lotes já existentes neste e juntando-se a eles a parte da parcela do loteamento titulado pelo alvará nº 1 que havia sido cedida para equipamento (diminuindo-se, deste modo, a área deste último loteamento).

  - **Hipótese 1.1.:** da referida junção resulta (cria-se), no loteamento titulado pelo alvará nº 1, um *novo lote* destinado a um uso urbanístico adequado à pretensão, e que é de serviços. Para que se possa adotar esta solução será necessário aferir se o loteamento titulado pelo alvará nº 1, que deixa de ter uma área destinada a equipamento, cumpre, ainda assim, os parâmetros de dimensionamento de parcelas destinadas a este fim; e é necessário aferir se no loteamento titulado pelo alvará nº 2, no qual se aumenta a área de lotes destinados para construção (aumentando, assim, correspondentemente, a área de construção nele inicialmente previsto para a totalidade da sua área), se cumprem os parâmetros de dimensionamento exigidos para fins coletivos.

  - **Hipótese 1.2.:** da referida junção cria-se no loteamento titulado pelo alvará nº 2 uma *parcela para equipamento* (e não um lote para construção) integrando o domínio privado do município (artigo 44º do RJUE). Aumenta-se, assim, a área municipal destinada a equipamento deste loteamento, diminuindo-se, na proporção da parcela dele excluída, a área de equipamento do loteamento titulado pelo alvará nº 1, o que será possível se se puder concluir que os lotes deste loteamento ficam, mesmo sem aquela área, servidos de parcelas destinadas a equipamento na dimensão adequada[60].

- **Hipótese 2:** a alteração passa por aumentar a área do loteamento titulado pelo alvará nº 1, *aumentando a área da parcela destinada a equipamento* pela junção da área dos dois lotes que são excluídos

---

[60] Neste caso, porém, porque no loteamento contíguo se aumenta a área para equipamento, sempre seria possível afirmar que a área do loteamento 1 está servida por equipamentos dada a contiguidade territorial com o loteamento onde é aumentada a área para esta finalidade.

do loteamento titulado pelo alvará nº 2. Esta solução parece menos complexa que as anteriores já que, por um lado, ao excluir lotes urbanos deste último loteamento, desagrava a carga urbanística nele prevista e, por outro lado, ao prever uma área de equipamento maior no loteamento titulado pelo alvará nº 1 não agrava este loteamento. Será possível, também, dar à nova parcela resultante da unificação fundiária o *estatuto de lote para construção*, solução que não coloca problemas do ponto de vista jurídico no loteamento titulado pelo alvará nº 2 (já que a eliminação de dois lotes se traduzirá sempre num desagravamento da ocupação urbanística deste), mas pode colocar problemas da perspetiva do loteamento titulado pelo alvará nº 1, por este poder ficar com défice de áreas para equipamentos em relação ao novo lote criado.

Em suma, do ponto de vista urbanístico e tendo em conta que existem duas licenças de loteamento tituladas por alvará, as quais vinculam o promotor do loteamento, a câmara municipal e terceiros, a pretensão implica:

– O desencadeamento simultâneo de alteração aos dois loteamentos nos termos anteriormente expostos (devendo ser avaliada tecnicamente qual das soluções apontadas é a mais adequada); a nova parcela ou o novo lote (consoante a opção que se tome) tem de ter uma área coincidente com a que resulta da soma da área dos lotes/ /parcelas em causa para não colocar problemas do ponto de vista registal;

– Sujeição de tal alteração conjunta ao procedimento previsto no artigo 27º do RJUE (tendo de ser ouvidos os proprietários de lotes dos dois loteamentos);

– A alteração da licença (que tem de ser aprovada pela câmara municipal) dá lugar a aditamento aos dois alvarás.

v. Vejamos, agora, como atuar do ponto de vista do registo.

a) Caso estes loteamentos estejam registados, o aditamento aos alvarás é comunicado oficiosamente à conservatória do registo predial competente para efeitos de averbamento, contendo a comunicação os elementos em que se traduz a alteração.

UNIFICAÇÃO DE PARCELAS/LOTES RESULTANTES DE DOIS LOTEAMENTOS DISTINTOS

Tais aditamentos constituirão o título não apenas do licenciamento da alteração da transformação fundiária, mas também da alteração do estatuto jurídico dos lotes ou parcelas nos termos anteriormente referidos com aumento da área de um dos loteamentos e a correspondente diminuição do outro.

b) Caso os loteamentos aqui em causa não tenham sido registados, tendo o registo incidido apenas sobre as várias parcelas/lotes por desanexação, torna-se mais difícil registar a alteração ao loteamento. Com efeito, a ausência de registo do título inicial pode tornar difícil registar as alterações àquele: caso os dois lotes do alvará nº 2 e a parcela para equipamento do alvará nº 1 tenham sido desanexados (como prédios urbanos) do prédio mãe, a sua unificação deve ser feita por via de comunicação da deliberação camarária de alteração, onde conste expressamente a sua unificação (sem problemas, por estar garantida a legitimidade registal), procedendo-se a esse registo.

c) Caso um dos loteamentos esteja registado e o outro não, deve registar-se a sua alteração em correspondência com a decisão tomada em relação a ele. Em todo o caso, e como dissemos *supra*, na medida em que o município é o proprietário de todas as parcelas//lotes envolvidos, não vemos particulares dificuldades no registo desta unificação predial, sendo a deliberação da câmara o título para o efeito.

10
Da aplicação de um plano municipal a intervenções ilegalmente realizadas e cuja legalização foi requerida antes da sua entrada em vigor

1. O problema

Com muita frequência os particulares realizam operações urbanísticas ilegais, por executarem as obras em desconformidade com o projeto que foi aprovado. Descrevemos de seguida uma situação que se baseia num caso concreto e que estará na base das reflexões que pretendemos fazer no presente texto.

A referida situação tem na sua origem uma obra de construção de um edifício que foi objeto de uma licença municipal deferida em 26 de agosto de 2004 e titulada por alvará. A obra foi licenciada com uma área total de construção de 1168,60 m².

Durante a sua execução, e em face à intenção de o interessado modificar o projeto, os serviços municipais notificaram-no de que tal modificação carecia de prévio licenciamento.

Apesar deste facto, acabou por executar, nos pisos de cave e do rés do chão, obras que não constavam do projeto inicial sem ter desencadeado previamente qualquer procedimento de licenciamento. As modificações em obra traduziam-se, segundo informações dos serviços:

ESCRITOS PRÁTICOS DE DIREITO DO URBANISMO

- num aumento da área de implantação, da área de construção e da volumetria, através da ampliação da construção na área posterior do lote no rés do chão;
- na supressão, na cave, de todos os lugares de estacionamento, alterando a respetiva compartimentação, facto que tinha implicações na área de construção, na medida em que as caves, não sendo destinadas a estacionamento, passavam a contar para o respetivo índice.

Em sede de audiência prévia, no procedimento de embargo da obra que entretanto foi desencadeado, foi concedido ao interessado um prazo de cinco dias para junção dos projetos referentes às obras realizadas em desconformidade com o projeto aprovado; não tendo esta exigência sido cumprida, a obra ficou embargada, embargo este que, contudo, não foi respeitado pelo interessado, que continuou os trabalhos de construção (tanto assim é que a obra se encontra, atualmente, terminada).

Em 17 de setembro de 2005, veio aquele apresentar reclamação contra o embargo, alegando que o mesmo devia ter sido parcial: porém, instado a apresentar os projetos das obras efetivamente realizadas, que se revelavam imprescindíveis para aferir da proporcionalidade do embargo, o interessado não o fez.

Em audiências concedidas a 17 de novembro e a 22 de dezembro de 2005 o interessado comprometeu-se a entregar o aditamento ao processo (entrega dos projetos em falta) para eventual legalização das alterações feitas, o que, uma vez mais, não sucedeu.

Por ofícios datados de 26 de fevereiro e de 15 de março de 2006 o município insistiu para que o interessado procedesse à entrega dos projetos em falta; porém, só em 15 de abril de 2006 os referidos projetos foram entregues com vista ao licenciamento das alterações executadas em obra.

Na sequência desta entrega, foi tramitado o procedimento de licenciamento das obras realizadas em desconformidade com o projeto aprovado (na verdade, um procedimento de legalização), em primeiro lugar com a consulta às entidades que, nos termos da lei, se deviam pronunciar e, de seguida, com a apreciação da pretensão pelos serviços municipais que, porém, concluíram que tal pretensão estava desconforme com os parâmetros previstos no plano diretor municipal entretanto entrado

DA APLICAÇÃO DE UM PLANO MUNICIPAL A INTERVENÇÕES ILEGALMENTE REALIZADAS

em vigor[61], introduzindo um *"agravamento considerável"* em relação ao projeto inicial, motivo pelo qual propunham o seu indeferimento.

Após audiência prévia, a câmara municipal, em reunião de 30 de março de 2006, deliberou no sentido de ser *"presente à próxima reunião do executivo, pela Divisão de Obras e Urbanismo desta Câmara, um levantamento das obras que foram executadas em desconformidade com o projeto aprovado e que são passíveis de legalização e as alternativas, com vista ao seu eventual licenciamento, para que esta câmara possa ficar habilitada a tomar a decisão final"*.

Em cumprimento desta deliberação, os serviços elaboraram informação com identificação das alterações (algumas implicando trabalhos de correção/demolição) que deveriam ser efetuadas de modo a tornar a obra erigida conforme com o plano diretor municipal e, assim, poderem ser licenciadas (informação emitida em 20 de julho de 2006).

Na sua sequência, a câmara deliberou *"[n]otificar o titular do processo para proceder aos trabalhos de correcção indicados no mencionado parecer técnico, para que sejam asseguradas as normas legais e regulamentares aplicáveis"*, deliberação que foi notificada ao interessado em 14 de agosto de 2006, não tendo este, porém, atuado em conformidade. Pelo contrário, veio em 13 de setembro de 2009 requerer a emissão da "licença" de utilização da totalidade do edifício, pedido que foi rejeitado liminarmente por despacho de 22 de setembro de 2009 e notificado ao interessado em 25 do mesmo mês.

Na sequência desta deliberação o interessado interpôs ação administrativa especial de condenação à prática de ato devido, concretamente de condenação à emissão da "licença" de utilização.

Vejamos as reflexões que a presente situação nos suscita, olhando para a mesma de uma *forma global*. Para o efeito, socorrer-nos-emos da legislação em vigor à data dos factos: no caso em apreço, estando as várias questões reguladas no RJUE, aprovado pelo Decreto-Lei nº 555/99, de 16 de dezembro, diploma que sofreu várias alterações ao longo dos anos, tomaremos como referência, na análise de cada questão, a versão em vigor em cada momento.

Note-se, a este propósito, que à data dos *embargos* e da *apreciação dos projetos de obras realizadas em desconformidade com a licença* se encontrava

---

[61] Este instrumento de planeamento, embora não estivesse em vigor à data da realização das obras nem do pedido de legalização, era já um instrumento eficaz no momento da apreciação dos projetos de legalização.

ESCRITOS PRÁTICOS DE DIREITO DO URBANISMO

em vigor a versão do RJUE aprovada pelo Decreto-Lei nº 177/2001, de 4 de junho; por sua vez, à data do pedido da autorização de utilização, vigorava a versão aprovada pela Lei nº 60/2007, de 4 de setembro.

2. Da autorização de utilização

Antes do mais, cumpre ter presente que a pretensão imediata do interessado é obter a *autorização de utilização para o edifício* que construiu.

Segundo o nº 1 do artigo 62º do RJUE (na versão da Lei nº 60/2007, que era a aplicável à data, mas que coincide, naquilo que aqui interessa, com a atualmente em vigor), a autorização de utilização *"destina-se a verificar a conformidade da obra concluída com o projecto aprovado e com as condições do licenciamento ou da comunicação prévia"*.

Em causa está um ato cuja função é atestar que o edifício (ou a fração autónoma) estão vocacionados para os usos que se lhes pretende dar (quer se trate de uma primeira utilização – isto é, da situação em que o edifício não dispõe ainda de autorização de utilização por se tratar de um edifício novo – quer de uma alteração de uso, situação em que se pretende que o edifício, embora dispondo de autorização para um determinado uso, seja utilizado para outro, distinto).

Na situação, porém, em que a autorização de utilização seja emitida na sequência de obras sujeitas a controlo prévio – e na medida em que neste caso é no momento do controlo das obras (e dos projetos a elas atinentes, concretamente do projeto de arquitetura) que se deve verificar a conformidade com o uso proposto –, a atestação da autorização de utilização é indireta: nesta situação, basta, para efeitos da sua emissão, verificar se *as obras foram executadas de acordo com o projeto aprovado*, porque, tendo sido, estão adequadas ao uso. Com efeito, havendo obras, é no âmbito do controlo prévio destas (em regra, o licenciamento) que se aprecia se o projeto (da obra) está adequado ao fim (uso) pretendido (cfr. parte final do nº 1 do artigo 20º do RJUE), tornando desnecessário proceder a essa avaliação autónoma em momento posterior (aquando da emissão da autorização de utilização): basta, no momento em que se pretende utilizar o edifício e, portanto, se requer a autorização de utilização, verificar *se a obra foi executada de acordo com o projeto aprovado*, pois, se o tiver sido, o edifício está, inevitavelmente, adequado ao uso.

É precisamente por ser assim – isto é, por ser no âmbito do licenciamento da obra que se avalia se o edifício ou a fração estão adequados ao

DA APLICAÇÃO DE UM PLANO MUNICIPAL A INTERVENÇÕES ILEGALMENTE REALIZADAS

uso a que se destinam – que existe, no âmbito da autorização de utilização, um desvio à regra *tempus regit actum*: podendo haver um desfasamento temporal entre a licença das obras (necessária para a realização destas e onde se avalia a adequação das mesmas ao uso pretendido) e a autorização de utilização (que só terá de ser emanada quando se pretenda utilizar o edifício ou fração), o presidente da câmara apenas tem de averiguar, no *momento da emanação da autorização de utilização*, se a obra foi concluída de acordo com o projeto aprovado – aplicando-se a este projeto as regras que estavam em vigor no momento dessa aprovação, nas quais se integram as atinentes ao uso –, o que torna irrelevantes alterações legislativas ou regulamentares posteriores no que a este uso diz respeito[62].

Este aspeto é importante na presente situação, na medida em que, *não tendo o edifício sido concluído de acordo com o projeto aprovado*, não estão verificados os pressupostos para que o órgão competente emane a autorização de utilização.

Tal apenas assim não seria caso se viesse a concluir que as obras efetuadas em desconformidade com o projeto foram, não obstante esse facto, executadas de forma legal, questão que trataremos no ponto seguinte.

3. Da (i)legalidade dos trabalhos realizados no decurso da obra
Não restam dúvidas, desde logo (e o próprio interessado nunca o negou), que no decurso da obra foram realizados trabalhos em desconformidade com o projeto aprovado.

Sobre a possibilidade de serem efetuadas alterações no decurso da obra regula o artigo 83º do RJUE (com a epígrafe *"alterações durante a execução da obra"*), que na versão vigente à data dos factos determinava[63]:

> *1 – Podem ser realizadas em obra alterações ao projecto, mediante comunicação prévia nos termos previstos nos artigos 34º a 36º, desde que essa comunicação seja efectuada com a antecedência necessária para que as obras estejam concluídas antes da apresentação do requerimento a que se refere o nº 1 do artigo 63º.*

---

[62] Neste sentido, cfr. FERNANDA PAULA OLIVEIRA, MARIA JOSÉ CASTANHEIRA NEVES e DULCE LOPES, *Regime Juridico da Urbanização e Edificação. Comentado*, 4ª ed., *cit.*, pp. 500-501.

[63] Ainda que este artigo tenha sofrido alguma evolução nas várias versões do RJUE, o seu conteúdo material sempre foi substancialmente idêntico, pelo que a solução que aqui apontamos seria a mesma independentemente da versão que fosse aplicável.

ESCRITOS PRÁTICOS DE DIREITO DO URBANISMO

2 – Podem ser efectuadas sem dependência de comunicação prévia à câmara municipal as alterações em obra que não correspondam a obras que estivessem sujeitas a prévio licenciamento ou autorização administrativa.

3 – As alterações em obra ao projecto inicialmente aprovado que envolvam a realização de obras de ampliação ou de alterações à implantação das edificações estão sujeitas ao procedimento previsto nos artigos 27º ou 33º, consoante os casos.

Nos termos deste dispositivo, era possível (como continua a ser) proceder, durante a execução das obras, a alterações ao projeto aprovado, o que se revela importante, pois, apesar de se exigir uma tendencial completude dos projetos, é sempre necessário introduzir-lhes alguns ajustamentos no momento da sua execução ou mesmo alterações mais profundas caso sejam deficientes, omissos ou as circunstâncias do local as impliquem.

Estas alterações, à data dos factos, estavam ou não sujeitas a um prévio controlo municipal consoante o tipo de alteração que se pretendesse promover.

Assim, as obras de alteração que não carecessem, no momento da apreciação do projeto inicial, de um procedimento de licenciamento ou de autorização (por se encontrarem dele isentas ou dispensadas ou por estarem sujeitas a um mero procedimento de comunicação prévia), *não necessitavam de qualquer controlo prévio municipal nesta fase de execução*, devendo apenas ser registadas no livro de obra e ser devidamente identificadas nas telas finais aquando da apresentação do pedido de autorização de utilização.

No outro extremo encontravam-se as alterações ao projeto que envolvessem *alterações à implantação* ou *ampliações* (integrando aqui o aumento das áreas de implantação, de construção, a cércea, etc.), as quais estavam *sujeitas a um procedimento prévio de licenciamento ou de autorização*, consoante os casos.

As restantes, que não se encontrassem em qualquer destes extremos, ficavam sujeitas a comunicação prévia (a comunicação prévia na configuração à data vigente), que se apresentava, assim, como o procedimento regra para as alterações a efetuar em obra: comunicação que devia ser feita a qualquer tempo (tendo apenas em conta as limitações decorrentes da necessidade de conclusão das obras em data anterior ao

DA APLICAÇÃO DE UM PLANO MUNICIPAL A INTERVENÇÕES ILEGALMENTE REALIZADAS

requerimento de autorização de utilização, que, por seu turno, também se encontrava na disponibilidade do particular), podendo as obras ser iniciadas passados 30 dias, se não fossem sujeitas ao procedimento de autorização ou licenciamento (que, como referimos, apenas era exigível se as alterações correspondessem a ampliações ou alterações à implantação das edificações).

Ora, tendo em consideração as modificações que o interessado pretendia introduzir (e introduziu) na obra aqui em apreço – a saber: *(i)* aumento da área de implantação, da área de construção e da volumetria, através da ampliação da construção na área posterior do lote no rés do chão; e *(ii)* aumento da área de construção devido à eliminação dos lugares de estacionamento da cave, passando esta a contar para o respetivo índice –, dúvidas não restam de que o interessado nunca as poderia ter levado a cabo sem previamente ter *requerido* e *obtido* o seu licenciamento[64].

Estas são, de facto, nos termos do artigo a que fizemos referência, obras que não podiam ter sido executadas sem prévio procedimento de controlo prévio. Ora, não tendo o interessado desencadeado este procedimento nem obtido da Administração o respetivo ato permissivo, as referidas obras são *ilegais* – porque realizadas sem o prévio e necessário procedimento de controlo preventivo –, tornando, por sua vez, *ilegal* o edifício onde tais obras foram realizadas – por o resultado final em que o mesmo se traduz estar em desconformidade com o projeto aprovado.

Estes dois tipos de ilegalidade de operações urbanísticas encontram-se atualmente identificadas, de forma expressa, no artigo 102º do RJUE (trata-se de uma norma que não é inovadora, limitando-se a sistematizar aquelas que sempre foram consideradas *situações de ilegalidade* que devem, por isso, ser objeto de medidas de tutela de legalidade urbanística). Com efeito, aí surgem identificadas como ilegais não apenas as operações urbanísticas levadas a cabo *sem os necessários atos administrativos de controlo prévio* [alínea *a*)] como aquelas que *tenham sido realizadas em*

---

[64] Não podia, assim, o interessado, como sucede com frequência nestes casos, por forma a não atrasar a obra e os custos que isso traria, optar por apresentar o projeto de alterações como telas finais. Com efeito, esta era uma opção que o interessado não podia tomar, uma vez que, tendo em conta as alterações pretendidas, a lei obrigava a que fosse previamente obtido o licenciamento das alterações que pretendia efetuar apenas depois as podendo levar a cabo.

ESCRITOS PRÁTICOS DE DIREITO DO URBANISMO

desconformidade com os respetivos atos administrativos de controlo prévio [alínea *b*)]. Situações que ocorrem no caso em análise: a primeira aplicada às ampliações efetuadas em obra; a segunda, em relação ao edifício na sua totalidade.

Estamos, assim, sem margem para dúvidas, perante um *edifício ilegal*, ainda que tenha tido na sua origem uma licença de construção. Para o legislador não existem, de facto, diferenças entre a obra que foi totalmente realizada sem licença e a obra que foi realizada em desconformidade com a licença emitida sem que previamente, se tal for exigido, tenham sido desencadeados os respetivos procedimentos de controlo preventivo: ambas são ilegais[65].

Deste modo, por terem sido realizadas ilegalmente, durante a execução do projeto, obras de ampliação, fazendo com que o edifício executado não corresponda àquele que havia sido aprovado (licenciado), fez bem a câmara municipal ao negar a concessão da autorização de utilização na medida em que não estão verificados os respetivos pressupostos, que são a obra executada corresponder ao projeto aprovado (nº 1 do artigo 62º).

E bem sabia o interessado que a emissão da autorização de utilização estava dependente da legalização das obras realizadas, já que disso havia sido previamente notificado.

Saber se essa legalização passava por uma simples emissão, *a posteriori*, da licença em falta (após a entrega dos correspetivos projetos) ou se, pelo contrário, implicava a realização de obras de correção/demolição, depende da conclusão a que chegarmos quanto à aplicação ou não, ao caso em apreço, do plano diretor municipal entretanto entrado em vigor. Antes, porém, de nos debruçarmos sobre esta questão, não queremos deixar de tecer algumas considerações relativamente ao embargo que foi determinado à obra.

---

[65] Ambas tornam, de facto, o edifício ilegal, ainda que, do ponto de vista da censura, a segunda situação seja, em princípio, menos grave que a primeira. Dizemos em princípio porque tudo depende, na segunda situação, do grau de modificações que sejam introduzidas ao projeto sem prévio licenciamento e do comportamento do interessado na sua realização.

4. Do embargo da obra

Sendo ilegais, como concluímos que foram, as obras de ampliação efetuadas no decurso da obra, não podemos senão concluir que o embargo, enquanto medida de reposição de legalidade, surge como uma medida adequada para, cautelarmente, evitar o avançar da obra que, à data, se encontrava em execução. Não temos, pois, quanto a este ponto, nada a censurar à atuação dos órgãos municipais quando procederam à ordem de embargo.

Cumpre saber se era suficiente, para alcançar os objetivos a que a ordem de embargo se encontra predisposta[66], que esta tivesse sido meramente parcial, como reclamou o interessado.

A possibilidade de embargo parcial de uma obra encontra-se prevista no artigo 102º-B, nº 5, do RJUE, devendo, em consonância com o princípio da proporcionalidade, ser privilegiada esta modalidade sempre que se revele suficiente para acautelar os objetivos de tutela da legalidade visados.

Haverá casos, no entanto, em que, apesar de a obra ser ilegal *apenas em parte*, tal ilegalidade se comunica à restante obra ou, mesmo, ao restante edifício, por a parte embargada não possuir autonomia funcional bastante[67].

É isso que sucede, precisamente, na presente situação: uma vez que as ampliações ilegais ocorreram ao nível da cave e do rés do chão, e uma vez que todo o edifício assenta sobre estes, não restam dúvidas que não podiam as restantes obras do edifício avançar sem que se determinasse, previamente, se as obras de "base" podiam ser legalizadas nos exatos termos em que haviam sido realizadas ou se, pelo contrário, tinham de ser corrigidas/demolidas. O que condicionava, inevitavelmente, a restante edificação a desenvolver. Tanto assim era que os pareceres técnicos apresentados pelo interessado aquando da determinação das obras

[66] A ordem de embargo visa evitar o agravamento da irregularidade (que pode tornar a sua reposição na legalidade mais difícil ou gravosa), o que, para além da salvaguarda do interesse público, se apresenta também como um mecanismo de proteção do particular que, desse modo, vê paralisadas as obras e, em regra, as despesas que com elas teria (tanto na sua realização como, eventualmente, com a sua demolição) caso se venha a concluir que as mesmas não podem ser legalizadas.

[67] Neste sentido, cfr. CLÁUDIO MONTEIRO, *O embargo e a demolição no direito do urbanismo*, Dissertação de Mestrado, policopiada, Lisboa, 1995, p. 97.

de correção vieram defender que a demolição de partes da edificação colocaria em causa o edifício na sua totalidade.

O embargo total não viola, assim, no presente caso, o princípio da proporcionalidade, sendo, até, a única medida adequada para impedir a consumação de uma situação que, sabendo-se sem margem para dúvidas que era ilegal, não se sabia, à partida, se seria ou não legalizável.

Note-se, porém, que mesmo que assim não fosse, a responsabilidade por a ordem de embargo ter sido total e não meramente parcial se ficou a dever, em grande parte, ao interessado na medida em que tardou em apresentar os projetos das obras efetivamente realizadas sucessivamente solicitados pela câmara municipal por forma a aferir se era necessário fazer alterações/correções e se estas, sendo necessárias, condicionavam a execução dos restantes trabalhos.

E não podemos deixar de referir aqui o facto, esse sim censurável, de o interessado não ter obedecido à ordem de embargo e, em consequência, ter concluído a edificação. No caso de esta não ser legalizável nos termos em que foi concretizada – e de ser necessário proceder a correções/reconstruções –, não lhe é legítimo vir invocar que as mesmas implicam a inutilização de trabalhos já realizados e envolvem elevados custos. Precisamente, a ordem de embargo destinava-se a evitar estas situações, pelo que a invocação destes argumentos (na medida em que o interessado realizou as obras em desobediência à ordem de embargo e, por isso, por sua conta e risco) se apresenta, até, como um claro abuso de direito, uma vez que o interessado consolidou ilegalmente uma situação de facto para depois invocar essa consolidação como motivo para a legalizar.

Portanto, e em suma, também aqui consideramos que a atuação dos serviços e dos órgãos municipais foi adequada e legal.

5. Da norma mobilizável para a apreciação da legalidade das obras realizadas

i. No que concerne ao instrumento de planeamento mobilizável para a legalização, a questão, tal como foi colocada pelo interessado, é saber se o plano diretor municipal entretanto entrado em vigor não é aplicável à presente situação por, quer as ampliações em obra quer o pedido de legalização (com a entrega dos respetivos projetos), terem sido efetuados em momento anterior.

Antes de avançarmos não podemos deixar de chamar a atenção para o facto de não ter aplicação, ao caso vertente, o disposto no artigo 60º do RJUE. Este tem um âmbito de aplicação muito preciso: aplica-se a obras (de alteração, de reconstrução ou de ampliação) a realizar em *edificações legalmente existentes* e não, como é o caso, a intervenções a realizar no decurso de uma obra que, por não estar concluída (nem podendo, por isso, ser destinada a utilização humana), não é ainda uma *edificação* [cfr. o conceito de edificação constante da alínea *a)* do artigo 2º do RJUE].

À presente situação aplica-se, isso sim, o disposto no artigo 67º do RJUE, que, de forma clara e transparente, determina que "*[a] validade das licenças ou das autorizações de utilização depende da sua conformidade com as normas legais e regulamentares aplicáveis* em vigor à data da sua prática" (realce nosso). Trata-se de um normativo cujo objetivo é fixar a regra geral de aplicação das normas urbanísticas no tempo (designadamente das normas constantes dos instrumentos de planeamento territorial), nas situações em que as mesmas nada determinem a este respeito. E essa regra é a do *tempus regit actum*, segundo o qual "*os actos administrativos se regem pelas normas em vigor no momento em que* são praticados, *independentemente da natureza das situações a que se reportam e das circunstâncias que precederam a respectiva adopção*"[68] (realce nosso), o que significa ser o momento da *perfeição do ato* (da sua prática) aquele que fornece o critério temporal para a determinação da norma aplicável, mobilizando-se a velha ou a nova lei conforme aquele momento for anterior ou posterior ao começo de vigência desta.

Subjacente a este entendimento está, em larga medida, a ideia de que, em todo e qualquer procedimento, os interessados são colocados "*perante uma situação jurídica que se encontra em curso de constituição – uma fattispecie de formação sucessiva –, mas que ainda não está cabalmente constituída, por ser ao acto administrativo que cabe produzir o efeito constitutivo. Até ao momento em que esse acto venha a ser praticado, ainda só existem, portanto, efeitos virtuais e o interessado ainda não é titular de qualquer direito, mas apenas de meras expectativas*"[69]. E está também subjacente a este entendi-

---

[68] Cfr. MÁRIO AROSO DE ALMEIDA, *Anulação de Actos Administrativos e Relações Jurídicas Emergentes*, Coimbra, Almedina, 2002, pp. 706 e segs.
[69] Cfr. MÁRIO AROSO DE ALMEIDA, *Anulação de Actos Administrativos e Relações Jurídicas Emergentes*, *cit.*, pp. 711-712.

mento a ideia de que as normas de direito público são de *aplicação imediata* porque, visando salvaguardar interesses públicos, se presume sempre que a nova lei os salvaguarda e protege melhor que a lei antiga.

Isto será necessariamente assim sempre que o momento determinante para a constituição do efeito jurídico coincida com o da emissão do ato administrativo. Porém, nem sempre tal acontece: referimo-nos àquelas situações em que é possível identificar, no decurso de um procedimento administrativo, *"um momento autónomo em que se antecipa a formação da decisão"*, de tal forma que se pode afirmar ser o interessado titular de uma posição jurídica que se constituiu em momento anterior ao da prática do ato, limitando-se este, tão-só, a formalizar um efeito que se constituiu em momento anterior, não podendo a posição jurídica daí decorrente ser posta em causa pela superveniência, no decurso do procedimento, de novo direito. É o que acontece, a título de exemplo, quando o novo plano entra em vigor antes da emissão da licença, mas em momento posterior à *aprovação do projeto de arquitetura* – tendo em consideração o facto de ser no momento em que este projeto é avaliado que se verifica o cumprimento do plano, ficando essa questão aí definitivamente decidida[70] –, ou quando em momento anterior ao licenciamento o interessado obteve, há menos de um ano, uma *informação prévia favorável* (considerando o seu carácter constitutivo de direitos durante aquele lapso temporal)[71].

Fora de situações como estas, a não ser que o plano contenha uma norma específica com uma opção distinta (isto é, uma *disposição de carácter transitório* com opções próprias quanto à aplicação das suas normas no tempo)[72], a regra é a *supra* referida, sendo o momento relevante para aferir a norma aplicável o da *tomada da decisão* e não o da *apresentação do pedido* (ou, no caso de legalização, o da realização da operação).

---

[70] Neste sentido, cfr. Acórdão do TCA Sul (2º Juízo) de 28 de outubro de 2009, proc. 4110/08, *Cadernos de Justiça Administrativa*, nº 84, novembro/dezembro de 2010.

[71] Sobre as situações em que se admitem desvios ao princípio *tempus regit actum*, cfr. o nosso "A Regulamentação de Situações Intertemporais pelos Planos Directores Municipais", in *Revista de Direito Público e Regulação*, nº 2, CEDIPRE, 2009, in *http://www.fd.uc.pt/cedipre/pdfs/revista_dpr/revista_2.pdf*; e Fernanda Paula Oliveira, Maria José Castanheira Neves e Dulce Lopes, *Regime Jurídico da Urbanização e Edificação. Comentado*, 4ª ed., *cit.*, comentário ao artigo 67º.

[72] Sobre a possibilidade deste tipo de normas nos planos municipais, cfr. o nosso "A Regulamentação de Situações Intertemporais pelos Planos Directores Municipais", *cit.*

DA APLICAÇÃO DE UM PLANO MUNICIPAL A INTERVENÇÕES ILEGALMENTE REALIZADAS

Tendo em consideração esta regra geral de aplicação de normas no tempo, designadamente da norma de planeamento expressamente consagrada no artigo 67º do RJUE – que afasta a tese defendida pelo interessado, de que deve valer a norma em vigor à data do início do procedimento –, coloca-se frequentemente a questão de saber se deve ser indeferido um pedido de *alteração* de uma licença que, embora violando o plano entretanto publicado, reduz, contudo, a desconformidade da mesma com este (situação que pode acontecer sempre que a licença inicial tenha sido emitida antes da entrada em vigor deste instrumento de gestão territorial admitindo uma ocupação em excesso relativamente ao novo instrumento normativo vigente, como sucede na presente situação).

Embora a alteração de uma licença deva ser tratada, para este efeito, como uma nova licença, devendo, por isso, ser confrontada com o instrumento de planeamento em vigor à data da sua decisão (*tempus regit actum*), considera-se que não é indiferente haver, por parte do interessado, um direito a construir (resultante de uma licença), o que implica que o instrumento de planeamento ou as regras legais não devam ser, nestes casos, aplicadas cegamente.

Assim, pré-existindo um direito de edificar – que inclua a faculdade de construir em contradição com o plano diretor municipal, mas decorrente de um ato anterior a ele e, por isso, válido –, tal direito não deixa de existir, nem o ato que o conferiu se torna nulo. Na maior parte destes casos o indeferimento da "*nova pretensão*" não impedirá a concretização do direito que decorre de um ato anterior ao plano, se a licença se encontrar ainda dentro do respetivo prazo de "validade". Por isso se justifica que, quando haja um pedido de alteração que incida sobre operações urbanísticas em relação às quais ainda existe o direito decorrente de ato anterior, a câmara municipal deva poder legitimamente licenciar *alterações a uma licença*, mesmo em desconformidade com o plano diretor municipal ou, inclusive, regimes legais aplicáveis, desde que o novo pedido *não agrave* ou até *desagrave* a violação destes.

Admite-se, nestes casos, que sejam emitidos atos de licenciamento que não cumpram o plano entretanto entrado em vigor; o que se exige é que as pretensões assim viabilizadas não agravem (ou desagravem), comparativamente com a licença inicial, a desconformidade com o plano[73].

---

[73] Cfr. FERNANDA PAULA OLIVEIRA, MARIA JOSÉ CASTANHEIRA NEVES e DULCE LOPES, *Regime Jurídico da Urbanização e Edificação. Comentado*, 4ª ed., *cit.*, pp. 499-500.

ESCRITOS PRÁTICOS DE DIREITO DO URBANISMO

Tendo em consideração o que foi referido, teremos de concluir, quanto ao caso aqui em apreciação, que não tem razão o interessado na sua tese quanto à não aplicação do plano diretor municipal entretanto entrado em vigor: não só o mesmo é aplicável por, à data da apreciação e da decisão sobre as "alterações" o mesmo já se encontrar em vigor, como não pode "ser dispensada" a sua aplicação por estarem em causa ampliações que têm como consequência *agravar*, comparativamente com o projeto inicial, a ocupação territorial e, por isso, a *desconformidade com o plano*.

Note-se que tratando-se de legalizações a regra é a mesma: a legalização, se possível, manifestar-se-á na *prática de um ato administrativo*, que apenas é possível se se assegurar o respeito pelo ordenamento jus--urbanístico vigente no *momento da prática desse ato* e não no momento da realização das obras. É certo que o Decreto-Lei nº 136/2014, de 9 de setembro, que introduziu mais uma alteração ao RJUE, vem admitir um regime especial a este propósito, permitindo a dispensa, no momento da prática do ato de legalização, do cumprimento de normas relativas à construção cujo cumprimento se tenha tornado impossível ou que não seja razoável exigir.

Tal dispensa apenas vale, porém, quanto ao cumprimento de *normas técnicas de construção* (e desde que se verifique terem sido cumpridas as condições técnicas vigentes à data da realização da operação urbanística em questão), e não já quanto ao cumprimento das regras de ordenamento, como as de planeamento e as decorrentes de servidões e de restrições de utilidade pública[74].

Ora, estando em causa, no caso em apreço, a legalização de obras, também aqui tem aplicação o plano diretor municipal em vigor no momento da decisão, por ausência de um regime especial que permita a sua dispensa.

ii. Refira-se a este propósito que a impossibilidade de legalizar a obra por alteração superveniente do direito aplicável pode acarretar responsabilidade por parte do município, se se concluir que a falta de decisão do pedido antes da entrada em vigor do plano diretor municipal se ficou a dever a atrasos a ele imputáveis.

---

[74] Cfr. o nosso *Mais uma Alteração ao Regime Jurídico da Urbanização e da Edificação (o Decreto-Lei nº 136/2014, de 9 de setembro), cit.*, p. 57, em nota.

Não foi isso, porém, que sucedeu no caso em apreço: bastava, de facto, que o interessado tivesse dado entrada mais cedo com o pedido de legalização (isto é, com a junção dos projetos referentes às obras realizadas) para que, com muita probabilidade, a apreciação e decisão sobre os mesmos tivesse ocorrido antes daquele momento. Ora, na presente situação, a entrega tardia daqueles projetos ficou a dever-se, exclusivamente, ao interessado que, sucessivamente, adiou a sua entrega. Com efeito, como decorre do processo:

- Em 10 de março de 2005 o requerente informou em audiência que pretendia realizar alterações ao projeto aprovado no rés do chão e na cave;
- Em 23 de março de 2005 foi solicitada a entrega de aditamento com as alterações pretendidas;
- Em 28 de junho de 2005 o requerente informou em audiência que ia entregar um aditamento ao projeto de arquitetura, estando a esperar as alterações da especialidade para entregar tudo junto;
- Em 13 de julho de 2005 foi concedido um prazo de 5 dias para entregar o aditamento;
- Quando a obra foi embargada, foi-lhe solicitada a entrega dos projetos, tendo informado que os iria entregar;
- Por ofícios datados de 26 de fevereiro e 15 de março de 2006 o município insistiu para que o interessado procedesse à entrega dos projetos em falta.

Os projetos apenas foram entregues em 15 de abril de 2006, menos de 10 dias úteis antes da entrada em vigor do plano diretor municipal, o que nunca daria tempo para que a decisão fosse emanada antes desse momento.

Concordamos, deste modo, com a posição que foi adotada pelos serviços e pelos órgãos municipais quanto à aplicação, na apreciação dos projetos das alterações efetuadas em obra, do plano diretor municipal.

6. Realização de obras de correção ou de alteração

Em face deste facto, sendo impossível legalizar as obras executadas nos exatos termos em que foram realizadas – por incumprimento do plano diretor municipal –, e tendo presente que a demolição total é sempre uma medida de *ultima ratio*, os serviços municipais concluíram que a

ESCRITOS PRÁTICOS DE DIREITO DO URBANISMO

obra apenas era suscetível de ser legalizada se na mesma fossem feitas obras de correção.

Esta é precisamente, segundo o artigo 105º do RJUE, uma das medidas de tutela de legalidade, aplicável às situações em que, tratando-se de uma obra que se encontre licenciada, a execução da mesma não esteja conforme com o projeto ou a sua concretização se encontre a violar normas legais e regulamentares em vigor e seja bastante, para assegurar tal conformidade, a execução de trabalhos deste tipo ordenados pelo presidente da câmara municipal.

Caso o particular não cumpra a ordem emanada no prazo que lhe for dado para o efeito, abre-se legitimamente a porta à demolição da obra (já que o particular esgota a possibilidade de promover a sua adequação ao quadro normativo vigente).

Admite o nº 3 do artigo 105º que a câmara municipal possa promover a realização de tais trabalhos por conta do titular da licença ou da comunicação, nos termos dos artigos 107º e 108º. Só o poderá fazer, no entanto, se se tratar de obras de urbanização ou de obras de outro tipo consideradas indispensáveis para assegurar a proteção de terceiros ou o adequado ordenamento urbano e, em regra, após o particular ter sido chamado a realizar os trabalhos de correção e alteração devidos e não o tenha feito no tempo que lhe foi concedido para o efeito, o que não é o caso.

Daqui decorre que também no que a este aspeto diz respeito consideramos que os serviços e os órgãos municipais andaram bem: na impossibilidade de ser legalizada a obra nos exatos termos em que foi realizada – e tentando evitar a demolição total do edifício que, no presente momento, se encontra em situação ilegal –, identificaram as obras de correção que permitiriam "recuperar" a legalidade perdida e, deste modo, emitir a autorização de utilização.

7. Existem alternativas viáveis no caso em apreço?

Se nos perguntarem se existem vias alternativas que permitam legalizar a obra nos exatos termos em que se encontra concluída, isto é, sem ter de se efetuar qualquer alteração na situação de facto (ou seja, mantendo a obra intocada), respondemos que essa via é a *"alteração do direito aplicável"*, o que significaria, no caso em apreço, modificar o plano diretor municipal por forma a que este passe a admitir aquele edifício nos termos em que foi realizado.

DA APLICAÇÃO DE UM PLANO MUNICIPAL A INTERVENÇÕES ILEGALMENTE REALIZADAS

Embora venhamos admitindo, para certas situações, que é possível proceder à legalização de operações urbanísticas por intermédio da *alteração* ou da *revisão* do plano, sempre defendemos que a utilização desta via se deve circunscrever a *situações excecionais* de modo a evitar que se inverta toda a lógica do planeamento, já que são as operações urbanísticas que se devem adequar ao plano e não o plano que se deve ir adequando às operações urbanísticas consolidadas à sua revelia[75].

Por outro lado, o recurso a esta via, para permitir legalizar situações individuais (a obra x ou o loteamento y), pode estar a pôr em causa uma regra fundamental que se aplica aos planos, enquanto regulamentos administrativos: a *regra da inderrogabilidade singular dos regulamentos*[76]. Se com esta regra se pretende acentuar que os regulamentos administrativos, enquanto normas jurídicas (gerais e abstratas), não podem ser derrogados numa situação concreta, tal intenção ficaria completamente defraudada se se viesse permitir que a Administração, *a posteriori*, pudesse alterar ou rever a norma do plano para legalizar uma dada operação urbanística. O que seria ainda mais grave quando, como no caso, foi o particular que, embora devidamente alertado, insistiu na ilegalidade.

Em todo o caso, não afastamos a hipótese de esta poder ser uma via a ponderar, desde que existam relevantes motivos de *interesse público* (que devem ser devidamente fundamentados) que o justifiquem.

Refira-se, ainda, que pode considerar-se, em face da evolução das circunstâncias económicas e sociais que estiveram na base das opções do plano diretor municipal, que as exigências constantes das suas disposições que foram violadas no caso em apreço já não se justificam atualmente, situação em que fará sentido a sua alteração. Nessa alteração não está afastada a hipótese de as novas normas acabarem por, *a final*, permitir a concretização da obra tal como está; fundamental é que tais normas se justifiquem em motivos de interesse geral e não apenas na situação vertente, de modo a afastar-se a ideia de que o único motivo da alteração é a legalização desta obra. Se estiverem em causa fundamentos ligados ao ordenamento do espaço e ao desenvolvimento económico-social do

---

[75] Cfr. PEDRO GONÇALVES, FERNANDA PAULA OLIVEIRA, "O regime da nulidade dos actos administrativos que investem o particular no poder de realizar operações urbanísticas", in *RevCEDOUA*, nº 4, Ano II_2.99, Coimbra Editora, pp. 23-24.
[76] Atualmente expressamente previsto no artigo 142º, nº 2, do CPA.

ESCRITOS PRÁTICOS DE DIREITO DO URBANISMO

município, as novas opções de planeamento serão legítimas, ainda que com elas se legalize também a obra em causa.

Esta solução – de alteração das normas do plano para passar a permitir a obra ilegalmente realizada – não está isenta de dificuldades: admitimos que a ela se possa com maior facilidade recorrer quando a ilegalidade da operação resulta de o ato de controlo preventivo subjacente à realização da obra ter sido anulado ou declarado nulo – já que neste caso há um ato da Administração em que o particular confiou – do que naquelas hipóteses em que a ilegalidade da obra é inteiramente imputável ao interessado (como sucedeu no caso em apreço)[77].

O desencadeamento de uma via deste tipo teria de ser devidamente estudada e devidamente fundamentada. Em todo o caso, não pode valer aqui o argumento, que já vimos ser esgrimido por várias vezes, de que entre a opção de demolir por inteiro o edifício ou permitir a sua manutenção, deve ser adotada a escolha que se traduza num mal menor. É que, a opção que aqui se coloca aos órgãos municipais não é entre demolir a edificação ou permitir a sua manutenção, mas entre *cumprir o plano* ou *não o cumprir*; e assumindo que as normas do plano visam salvaguardar interesses públicos, a alternativa é, no final, entre *cumprir o interesse público* ou *não o cumprir*, sendo certo que, no presente caso, a opção pela segunda implicaria salvaguardar a posição de um interessado que ostensivamente e de forma grave não cumpriu regras e desobedeceu a ordens de embargo, o que não lhe confere o estatuto de interessado de boa-fé que mereça proteção pelo direito.

[77] Sobre estas situações quando têm na sua base um ato administrativo declarado nulo, cfr. o nosso *Nulidades Urbanísticas. Casos e Coisas*, Coimbra, Almedina, 2015 (reimpressão).

11
Aplicação de plano diretor municipal revisto em 2016 a um pedido de informação prévia da alteração de uma operação de loteamento licenciada em momento anterior à entrada em vigor daquela versão

1. O problema

A situação sobre a qual refletiremos no presente texto prende-se com uma pretensão de alteração de um loteamento urbano devidamente licenciado em 2015 e titulado pelo correspondente alvará, alteração que foi objeto de um pedido de informação prévia apresentado em 2016 visando a unificação de vários lotes num só, aí agrupando os fogos previstos para cada um deles.

Concretamente, pretendia-se unificação de 4 lotes – reduzindo-se os lotes do loteamento de 6 para 3 –, mantendo-se, porém, o número de fogos bem como a respetiva tipologia e prevendo-se, ainda, se bem que em pequena medida, o aumento da área de construção (em 40m^2) e o aumento da área de implantação das edificações (em 21m^2).

Já depois do desencadeamento dos procedimentos de pedido de informação prévia e antes da sua decisão entrou em vigor a revisão do plano diretor municipal que veio introduzir um novo parâmetro urbanístico que não existia no anterior – a *densidade líquida máxima* –, que, por esse motivo, não foi tido em conta aquando do licenciamento dos loteamentos que agora se pretende alterar.

A câmara municipal veio a indeferir ambos os pedidos de informação prévia por desconformidade com esta nova exigência, defendendo aquele órgão a aplicação deste parâmetro às alterações propostas, por entender que estas configuram uma *situação inovatória, sujeita ao novo plano diretor municipal.*

E a questão que legitimamente se colocou foi a de saber se era aplicável à situação em apreço o novo (revisto) plano diretor municipal. Questão que nos remete para a problemática da sucessão das normas urbanísticas no tempo e das suas consequências sobre operações de loteamento, atentos os efeitos que decorrem dos atos de controlo preventivo destas operações urbanísticas – por onde começaremos a presente reflexão –, abordando, de seguida, a problemática da alteração destas operações e das normas que são mobilizáveis para a sua apreciação.

2. Da sucessão de normas no tempo e a sua aplicação a situações intertemporais

(i) Um dos problemas mais complexos no âmbito da gestão urbanística é o do tratamento a dar às situações de intertemporalidade: situações, *jurídicas* ou *de facto*, constituídas ou criadas em momento anterior à entrada em vigor de um plano[78], mas que projetam os seus efeitos no tempo, podendo, por isso, vir a ser abrangidas por novas e distintas disposições planificadoras[79].

As questões que normalmente se suscitam, a este propósito, são duas: saber como se comportam estas situações em face da sucessão de planos no tempo e determinar se podem (e como) os planos regulá-las.

---

[78] Esta questão não surge apenas quando esteja em causa a sucessão de normas de planeamento, mas sendo essa a situação no presente texto, é exclusivamente a ela que nos reportaremos.

Para mais desenvolvimento sobre esta questão, cfr. FERNANDA PAULA OLIVEIRA, "A Regulamentação de Situações Intertemporais pelos Planos Directores Municipais", in *Revista de Direito Público e Regulação*, nº 2, CEDIPRE, 2009, em *http://www.fd.uc.pt/cedipre/publicacoes/rdpr/revista_2.pdf.*

[79] Esta problemática apenas se coloca, como é fácil de perceber, relativamente a planos dotados de eficácia plurisubjetiva, como é o caso, inequivocamente, dos planos diretores municipais.

Esclareça-se, antes do mais, que as *referidas situações intertemporais* abrangem um leque diferenciado de *posições jurídicas*: desde logo, aquelas que decorrem de atos urbanísticos com a natureza de *decisões* – isto é, que se pronunciam de forma final sobre uma determinada pretensão urbanística considerada na sua globalidade, detendo efeitos permissivos (de realização da operação urbanística globalmente entendida), como as *licenças* e as *autorizações*[80] –, mas também as que resultam de *pré-decisões* – atos que, precedendo o ato final de um procedimento, decidem de forma vinculativa sobre a existência de condições ou de requisitos de que depende a sua prática, categoria que integra quer os *atos prévios*[81] quer os *atos parciais*[82]. Todos eles podem ser assumidos genericamente como atos de gestão urbanística constitutivos de direitos (cfr., nesse sentido, o nº 3 do artigo 167º do novo CPA).

Importante é também ter presentes os princípios jurídicos que aqui relevam, em especial o da proteção das *posições jurídicas* a que nos referimos, que se apresenta, no direito do urbanismo, como uma decorrência dos princípios da *não retroatividade das normas jurídicas* e do *tempus regit actum*.

Articulados estes princípios, no que à prática de atos de gestão urbanística diz respeito, conclui-se que os planos apenas produzem efeitos para o futuro, não afetando, por isso, as posições jurídicas dos interessados que tenham decorrido daquele tipo de decisões ou pré-decisões emanadas antes da sua entrada em vigor.

---

[80] Esclareça-se, porém, que uma coisa são as posições jurídicas decorrentes de uma *licença de loteamento* – operação que cria lotes urbanos, com direitos urbanísticos inerentes –, outra, as posições decorrentes de uma *licença de construção*, e outra, ainda, as posições que transcorrem de uma *autorização de utilização*. Para mais desenvolvimentos sobre esta questão, cfr. FERNANDA PAULA OLIVEIRA, *A Discricionariedade de Planeamento Urbanístico Municipal na Dogmática Geral da Discricionariedade Administrativa*, Coimbra, Almedina, 2011, pp. 562 a 565.

[81] Atos que decidem *sobre um aspeto particular da decisão final, não produzindo qualquer efeito permissivo*, como as informações prévias favoráveis e as aprovações de projetos de arquitetura. Embora, em relação a estes últimos, a jurisprudência do nosso Supremo Tribunal Administrativo tenha negado a natureza de ato administrativo, ocorreu, mais recentemente, uma viragem jurisprudencial a este propósito. Sobre este aspeto, *vide*, especificamente, FERNANDA PAULA OLIVEIRA, *A Discricionariedade de Planeamento Urbanístico Municipal na Dogmática Geral da Discricionariedade Administrativa*, *cit.*, pp. 568 e segs.

[82] Decisões constitutivas antecipadas no que respeita a uma parte ou a um aspeto da decisão final global, com efeito ou carácter permissivo, como a licença parcial para a construção da estrutura, prevista no nº 6 do artigo 23º do RJUE.

ESCRITOS PRÁTICOS DE DIREITO DO URBANISMO

A aplicação destes princípios no âmbito do direito administrativo geral e, deste modo, no direito do urbanismo determina, como consequência, que *"os actos administrativos se regem pelas normas em vigor no momento em que são praticados, independentemente da natureza das situações a que se reportam e das circunstâncias que precederam a respectiva adopção"*[83], o que significa ser o momento da *perfeição do ato* aquele que fornece o critério temporal para a determinação da norma aplicável, mobilizando-se a velha ou a nova lei conforme aquele momento for anterior ou posterior ao começo de vigência desta.

Como referimos *supra* (situação nº 10), isto será necessariamente assim sempre que o momento determinante para a constituição do efeito jurídico coincida com o da emissão do ato administrativo. Porém, em muitas situações, é possível identificar, no decurso de um procedimento administrativo, *"um momento autónomo em que se antecipa a formação da decisão"*, de tal forma que se pode afirmar ser o interessado titular de uma posição jurídica que se constituiu em momento anterior ao da prática do ato, limitando-se este, tão-só, a formalizar um efeito que se constituiu anteriormente, não podendo a posição jurídica daí decorrente ser posta em causa pela superveniência, no decurso do procedimento, de novo direito[84].

O princípio de que os planos, enquanto normas jurídicas, apenas têm eficácia para o futuro, significa, assim, que estes, em regra, não colocam em causa *posições juridicamente consolidadas antes da sua entrada em vigor*, o que, dito de outro modo, significa que o plano não afeta posições jurídicas decorrentes de atos de gestão urbanística que tenham definido, ainda que parcialmente, mas de forma definitiva, pretensões urbanísticas dos interessados (situações consolidadas do ponto de vista jurídico[85]), não

---

[83] Cfr., nesse sentido, MÁRIO AROSO DE ALMEIDA, *Anulação de Actos Administrativos e Relações Jurídicas Emergentes*, Coimbra, Almedina, 2002, pp. 706 e segs.

[84] Sobre o funcionamento deste princípio quando estão em causa aprovações de projetos de arquitetura e informações prévias favoráveis (aquelas que mais dúvidas colocaram na doutrina e na jurisprudência), cfr., por todos, FERNANDA PAULA OLIVEIRA, MARIA JOSÉ CASTANHEIRA NEVES e DULCE LOPES, *Regime Jurídico da Urbanização e Edificação, Comentado*, 4ª ed., *cit.*, respetivamente comentários 4 e 5 ao artigo 20º e comentário 2 ao artigo 17º.

[85] E que são, pela ordem crescente da consolidação da posição jurídica que concedem, as informações prévias favoráveis, as aprovações de projetos de arquitetura, as licenças de loteamento, as licenças de obras de edificação e as autorizações de utilização. A diferença entre cada uma destas posições jurídicas de vantagem é quantitativa e não qualitativa: trata-

afetando, por maioria de razão, situações que, decorrentes de anteriores atos administrativos, se encontram já factualmente consolidadas (situações consolidadas do ponto de vista material).

(ii) Uma questão que a este propósito é colocada com frequência é a de saber se os planos podem, e como, regular situações intertemporais, introduzindo desvios aos princípios gerais de aplicação de normas no tempo referidas anteriormente.

Na nossa ótica, apesar dos princípios anteriormente mencionados, a Administração não está impedida, para além das situações expressamente previstas na lei (*v. g.*, artigo 60º do RJUE), de determinar ela própria desvios a esses princípios, modelando, deste modo, a aplicação do plano no tempo. E isto é assim porque, do nosso ponto de vista, tais princípios não podem ser vistos como um limite absoluto à margem de decisão planificadora, podendo a Administração ora possibilitar a salvaguarda de situações ainda não consolidadas do ponto de vista jurídico (*v. g.*, atos de carácter contratual como as vendas em hastas públicas celebradas pelo município), ora permitir que o plano entrado em vigor se aplique a situações já consolidadas (jurídica ou materialmente) antes do mesmo, afetando-as e, por essa via, afetando a esfera jurídica dos seus titulares.

Com efeito, e quanto a esta última hipótese, se aquelas posições, apesar de juridicamente consolidadas, não forem compatíveis com o modelo territorial que o município pretende instituir, pode justificar-se uma opção planificadora que as afete, havendo lugar, neste caso, nos termos previstos nos artigos 171º do RJIGT e 48º do RJUE, a indemnização.

Esta possibilidade de modelação dos referidos princípios mais não é que a decorrência de um outro princípio jurídico, que deve ser cotejado com os mencionados anteriormente: o princípio da *ponderação de todos os interesses públicos e privados* coenvolvidos no planeamento e o princípio da *proporcionalidade.*

Respondida afirmativamente a questão sobre a possibilidade de os planos regularem, eles próprios, situações intertemporais, resta saber como o podem fazer. A resposta passa pela integração, nos planos, de

---

-se de atos que enriquecem, em medida diferente ou grau distinto, o conteúdo do direito de propriedade (ao integrar nele um conjunto de poderes ou faculdades de que o respetivo titular não dispunha).

ESCRITOS PRÁTICOS DE DIREITO DO URBANISMO

normas que criam um regime especial para este tipo de situações ou de normas que visam regular a sua própria aplicação (dos planos) no tempo: *normas transitórias*[86], que tanto podem assumir carácter *formal* – limitando-se a determinar qual das normas, a antiga ou a nova, é aplicável a determinadas situações – ou *material* – estabelecendo uma regulamentação própria, não coincidente nem com a norma antiga nem com a norma nova, para certas situações que se encontram na fronteira entre as duas[87].

As normas de carácter transitório introduzidas nos instrumentos de planeamento tanto podem estipular a sua aplicação a situações que, não fossem elas, estariam excluídas do seu âmbito de aplicação, porque anteriores a ele[88], como excluir do âmbito material de aplicação do plano situações que, não fossem elas, se encontrariam sujeitas ao novo normativo planificador, conferindo a um conjunto de situações o estatuto de *posições jurídicas consolidadas* que, sem aquelas normas, claramente não o teriam.

Note-se que, muitas vezes, estas normas assumem um carácter meramente declarativo (esclarecedor ou pedagógico) na medida em que integram nas situações excluídas do âmbito de aplicação do plano algumas que sempre seriam por ele salvaguardadas caso se não fizesse uma opção expressa em sentido diferente.

---

[86] Efetivamente, os instrumentos de planeamento, como acontece com todas as restantes normas jurídicas, podem regular expressamente a sua aplicação no tempo atendendo à transitoriedade das situações sobre que incidem. Sobre esta possibilidade, cfr. PASCAL PLANCHET, "Le Temps du Droit de L'Urbanisme, in *Mélanges en L'Honneur de Henri Jacquot*, Presses Universitáires d'Orléans, 2006, pp. 489-491 e segs.

[87] Cfr. J. BAPTISTA MACHADO, *Introdução ao Direito e ao Discurso Legitimador*, Coimbra, Almedina, 2014.

[88] Quando a Administração, com as suas opções planificadoras, coloca em causa uma dessas posições jurídicas, não lhe basta invocar o interesse público que as fundamenta, sendo necessário justificá-las convenientemente com base noutros critérios, como a *proporcionalidade da opção*, a sua *necessidade* e as *consequências económicas das mesmas*. Pelo que, embora o poder de planificação não possa ser paralisado por precedentes interesses de natureza privatística – o legislador não pretendeu que as licenças ou outros atos administrativos atinentes a operações urbanísticas se configurassem como um limite inultrapassável para a Administração dotada de poderes de planeamento territorial, não os tendo "imunizado" dos avanços da Administração investida nesses poderes –, a verdade é que terá de se afirmar não haver aqui a mesma "liberdade" de planeamento que nas situações em que não existam posições jurídicas deste tipo, tendo de se dar especial cumprimento às necessidades de *ponderação de interesses* onde aquelas posições jurídicas assumem um especial valor comparativamente com os restantes interesses em jogo. Assim, não sendo aquelas posições impeditivas da tomada de decisão de planeamento num determinado sentido, condicionam-na fortemente.

É o que sucede, precisamente, com o disposto no plano diretor municipal em causa na presente reflexão que integra um artigo com uma regulamentação transitória coincidente com a que decorre dos princípios anteriormente enumerados, salvaguardando as posições jurídicas decorrentes de anteriores atos administrativos constitutivos de direitos, colocando-as à margem das novas regras de planeamento.

Nessas posições salvaguardadas incluem-se as que decorrem de licenças de loteamento, tendo em conta os efeitos que delas decorrem.

Com efeito, e como já foi referido nesta publicação, da licença de loteamento resultam lotes destinados a *edificação urbana* – destino que fica, desde logo, isto é, com o licenciamento da operação de loteamento, *definido e estabilizado* –, conferindo-lhe um estatuto específico que o diferencia de outras parcelas que não o detenham. Para estas o respetivo estatuto urbanístico (possibilidade concreta do seu destino para construção e os termos em que esta pode ser efetivada) terá de decorrer de outros atos de gestão urbanística na sequência, em regra, da regulamentação de instrumentos de planeamento municipal: ou de uma *informação prévia favorável à edificação* (a qual, contudo, tem um período de vigência limitado de um ano, ao contrário do que sucede com o lote, cujas prescrições permanecem enquanto a licença de loteamento e respetivo alvará se mantiverem em vigor) ou de uma *licença ou comunicação prévia de obras de edificação*.

Não significa isto, como é óbvio, que no momento de erigir uma edificação num lote resultante de uma operação de loteamento não seja necessário desencadear um novo procedimento com vista a poder concretizar a edificabilidade prevista para o lote. Porém, dado o facto de as *condições urbanísticas da edificação se encontrarem definidas e estabilizadas com a licença de loteamento*, em causa estará, em regra, atualmente, uma mera comunicação prévia do projeto de construção cuja execução não poderá ser impedida se cumprir as prescrições previstas para o lote no respetivo alvará de loteamento (ou título equivalente).

São pois estas unidades prediais destinadas, de uma forma *precisa e estável*, à edificação que assumem o estatuto *de lotes*, sendo os loteamentos urbanos, precisamente, as *operações de transformação fundiária* (divisão ou reparcelamento) que lhes dão origem, ainda que *apenas a um*.

A promoção de uma operação de loteamento baseia-se justamente nesta vantagem: criar unidades prediais com um estatuto jurídico-

ESCRITOS PRÁTICOS DE DIREITO DO URBANISMO

-urbanístico especial. Com efeito, com a referida operação *prepara-se a área para acolher a edificação urbana prevista*, a qual, porque o ato que sobre ela incide determina as suas condições precisas de concretização, fica logo *definida* e *estabilizada*. Ou seja, com o licenciamento de uma operação de loteamento fica *estabilizada* a *situação jurídico-urbanística do território (dos solos)* por ela abrangida, funcionando esta operação como um fator de *segurança* e *estabilidade* jurídicas no mercado imobiliário, em especial criando para os *adquirentes dos lotes* um conjunto de garantias na concretização de uma edificabilidade que também adquirem (e pela qual pagam) quando compram o lote.

Do afirmado resulta que a licença de uma operação de loteamento não se limita a conferir ao interessado o *direito de fracionar a sua propriedade*, mas, ainda, o direito a concretizar nas novas unidades prediais resultantes do loteamento (lotes) *uma capacidade edificativa precisa* que permite a concretização, na área de abrangência, de obras de edificação de acordo com os parâmetros para elas definidas[89].

---

[89] A tese de que do loteamento decorrem direitos urbanísticos para os interessados, tendo levantado dúvidas, encontra-se atualmente consagrada na nova redação dada ao artigo 48º do RJUE referente às alterações às licenças de loteamento efetuadas pelas câmaras municipais para execução de instrumentos de planeamento entrados em vigor em momento posterior ao seu licenciamento. Com efeito, nos termos deste artigo, *"[e]nquanto não forem alteradas as condições das operações de loteamento nos termos previstos no nº 1, as obras de construção, de alteração ou de ampliação, na área abrangida por aquelas operações de loteamento, não têm que se conformar com planos municipais ou intermunicipais de ordenamento do território ou áreas de reabilitação urbana posteriores à licença ou comunicação prévia da operação de loteamento"* (nº 6). Mais, tal como constava já da versão anterior, o nº 4 determina que *"[a] pessoa coletiva que aprovar os instrumentos referidos no nº 1 que determinem direta ou indiretamente os danos causados ao titular do alvará e demais interessados, em virtude do exercício da faculdade prevista no nº 1, é responsável pelos mesmos nos termos do regime geral aplicável às situações de indemnização pelo sacrifício"*, acrescentando ainda um nº 5, segundo o qual, *"[s]em prejuízo do disposto no número anterior, nas situações de afetação das condições da licença ou comunicação prévia que, pela sua gravidade ou intensidade, eliminem ou restrinjam o seu conteúdo económico, o titular do alvará e demais interessados têm direito a uma indemnização correspondente ao valor económico do direito eliminado ou da parte do direito que tiver sido restringido"*, o que corresponde a um claro reconhecimento de que as operações de loteamento conferem direitos urbanísticos aos interessados, designadamente aos adquirentes dos lotes.
Fica assim afastada por via da lei a jurisprudência constante dos Acórdãos do STA, de 11 de novembro de 2004, proferido no âmbito do proc. 0873/03; e de 6 de março de 2007, emitido pelo Pleno da Secção do Contencioso Administrativo no âmbito do mesmo processo; e do Acórdão do Tribunal Constitucional nº 496/2008, que haviam sido criticados por FERNANDA PAULA OLIVEIRA, *Loteamentos Urbanos e Dinâmica das Normas de Planeamento*, Coimbra,

De tudo quanto foi referido resulta que as licenças de loteamento não são, exceto se o plano expressamente determinar em sentido contrário, afetadas pela entrada em vigor de um novo instrumento de planeamento, pelo que, na área por ele abrangida se aplicam a prescrições nele previstas e não as novas regras de planeamento, se mais restritivas, entretanto entradas em vigor.

3. Das alterações às licenças

Mas se estes atos, tal como foram aprovados, não são, por princípio, afetados, o que dizer das suas alterações quando efetuadas por iniciativa dos próprios interessados? Estas, enquanto uma *nova pretensão*, se tiverem de ser decididas à luz das novas normas, não ficam excluídas do seu âmbito de aplicação, sendo-lhes as mesmas aplicáveis. É isso que decorre da regra *tempus regit actum*.

Esta afirmação merece, contudo, algumas precisões.

Desde logo, como sempre defendemos, a aplicação das novas regras vale apenas em relação à parte do projeto que é objeto de alteração, desde que esta não se apresente como substancial, isto é, desde que não se traduza numa reconfiguração tal do projeto inicial que tenha de se falar de um novo e distinto projeto[90]. Assim, estando em causa uma alteração, se bem que esta corresponda a uma *nova pretensão* à qual terão de se aplicar *as novas regras entretanto entradas em vigor*, não se deve ignorar que a mesma não incide sobre *um vazio* ou uma *ausência total de definição jurídica*, mas sobre um ato que havia conferido direitos ao interessado, o que significa que se *aplicam as novas regras à parte alterada*, permanecendo *intocados os direitos conferidos pelo ato anterior em relação à parte restante* (no caso de uma alteração a um loteamento não pode ignorar-se que o loteamento anterior continua a existir)[91]. É isso, aliás, que caracteriza a operação urbanística de *alteração do loteamento*: em causa estão

---

Almedina, 2009. Sobre esta nova redação do artigo 48º, cfr. FERNANDA PAULA OLIVEIRA, *Mais uma alteração ao Regime Jurídico da Urbanização e da Edificação (o Decreto-Lei nº 136/2014, de 9 de setembro), cit.,* pp. 45-46.

[90] Neste sentido, cfr. FERNANDA PAULA OLIVEIRA, "FAQs", in *http://www.fd.uc.pt/~fpaula/faqs.html.*

[91] Como já tivemos oportunidade de defender a outros propósitos, pretendendo introduzir-se uma alteração, por exemplo, a uma licença de construção ou a um projeto de arquitetura aprovados antes da entrada em vigor de um instrumento de planeamento, este não lhe é legalmente aplicável, exceto no que se refere aos novos aspetos (alterados) do projeto. O que

modificações a introduzir num *loteamento já existente e devidamente licenciado* (e que permanece, não obstante a alteração) e não uma pretensão que se possa considerar como um *novo* e *distinto loteamento urbano*.

Naturalmente esta questão assume uma maior complexidade quando o loteamento existente que se pretende alterar já está, à partida, desconforme com as novas regras de planeamento entretanto entradas em vigor. Neste caso, a resposta simplista à questão que aqui nos ocupa apontaria para a *mera manutenção do loteamento tal como foi licenciado* (pelas razões expostas *supra*), mas sempre com a *impossibilidade* de o mesmo ser alterado.

Não é esta, porém, a solução que temos vindo a defender; pelo contrário, o que vimos defendendo é que a *alteração* (isto é, os aspetos modificados do projeto) pode ficar à margem da aplicação das novas regras, desde que tal alteração, não estando com elas conforme, implique um *desagravamento da desconformidade da anterior licença* ou, no mínimo, a *manutenção (não agravamento) dessa desconformidade,* se ela já existir.

Com efeito, como já tivemos oportunidade de escrever:

«uma das questões que frequentemente se coloca é a de saber se deve ser indeferido, com base no disposto no artigo 67º do RJUE, um pedido de *alteração* de uma licença que, embora violando o plano entretanto entrado em vigor, reduz, contudo, a desconformidade da mesma com este (situação que pode acontecer sempre que a licença inicial tenha sido emitida antes da entrada em vigor deste instrumento de gestão territorial admitindo uma ocupação em excesso relativamente ao novo instrumento normativo em vigor).

Embora a alteração de uma licença deva ser tratada, para este efeito, como uma nova licença, devendo, por isso, ser confrontada com o instrumento de planeamento em vigor à data da sua decisão (*tempus regit actum*), não é indiferente haver, por parte do interessado, um direito a construir (ou a concretizar uma operação urbanística), o que implica que o instrumento de planeamento ou as regras legais não devam, nestes casos, ser aplicadas cegamente. Assim, preexistindo um direito de edificar – que inclua a faculdade de construir em contradição com

---

aqui dizemos para a licença de construção vale igualmente para a alteração de uma licença de loteamento. Cfr. *http://www.fd.uc.pt/~fpaula/faqs.html.*

o plano diretor municipal, mas decorrente de um ato anterior a ele –, tal direito não deixa de existir, nem o ato que o conferiu se torna nulo. Na maior parte destes casos, o indeferimento da *"nova pretensão"* não impedirá a concretização do direito que decorre de um ato anterior ao plano, se a licença se encontrar ainda dentro do respetivo prazo de "validade". Por isso se justifica que, quando haja um pedido de alteração que incida sobre operações urbanísticas em relação às quais ainda exista o direito decorrente de ato anterior, a câmara municipal deva poder legitimamente licenciar alterações a uma licença, mesmo em desconformidade com o plano diretor municipal ou, inclusive, regimes legais aplicáveis, desde que o novo pedido *não agrave* ou até *desagrave* a violação destes.

Não temos qualquer dúvida, pois, em defender que, do ponto de vista do interesse público, há toda a razão para permitir à câmara municipal que, numa avaliação da situação de facto e em termos devidamente fundamentados, "dispense" o cumprimento do plano diretor municipal quando se trate da alteração a uma licença anterior eficaz que não agrave a desconformidade da mesma com o plano e traga melhorias à operação urbanística, designadamente no que toca à realização das finalidades públicas, como a estética e as condições de segurança e de salubridade das edificações. No caso de regimes legais, esta "dispensa" ficará, porém, dependente de parecer da entidade competente, sempre que este seja exigível.

No entanto – repita-se – existe uma condição para que tal possa acontecer: *a de que a decisão anterior ainda esteja eficaz no momento da nova decisão*, pois apenas numa situação como esta é que, se não for aprovada a alteração, se poderá afirmar ser o promotor titular de um direito que lhe permite realizar uma operação que viola o plano diretor municipal ou normas legais da mesma forma ou de uma forma ainda mais grave do que a prevista no projeto de alteração.»[92]

É tomando como referência esta nossa afirmação que deve ser devidamente entendida uma outra, que também fazemos e que aqui citamos:

---

[92] Cfr. Fernanda Paula Oliveira, Maria José Castanheira Neves e Dulce Lopes, *Regime Jurídico da Urbanização e Edificação. Comentado*, 4ª ed., *cit.*, pp. 501-502, e que corresponde na íntegra ao que constava na 3ª edição desta obra que vem citada na decisão camarária.

ESCRITOS PRÁTICOS DE DIREITO DO URBANISMO

«Importante também para a solução da questão aqui colocada é o que decorre do Acórdão do Supremo Tribunal Administrativo de 9 de julho de 1996, proferido no processo 031321, ao determinar que o pedido de alteração de "alvará" de loteamento pelo interessado dá lugar a uma nova apreciação e reponderação de toda a solução urbanística de modo que a aprovação deste novo loteamento não é ato sobre ato, mas um ato sucessivo que vem tomar o lugar do primeiro. Isto significa que estamos perante uma *nova pretensão*, diferente da anterior, e que é sujeita a uma *nova apreciação administrativa*. Por se tratar de uma nova pretensão e por se tratar de um novo ato administrativo que vem tomar o lugar do anterior, compreende-se que não tenha de estar dependente das limitações que decorrem do primeiro ato. A decisão sobre a nova pretensão tem de ser apreciada segundo as normas em vigor no momento desta nova decisão, o que confirma que a nova aprovação é autónoma da anterior. Pode, pois, o ato de alteração permitir que sejam retiradas do domínio público parcelas de terrenos que, de acordo com a conceção urbanística da operação de loteamento inicial, aí haviam sido integradas. Parece-nos, por isso, de aceitar a posição assumida no Acórdão do Supremo Tribunal Administrativo de 20 de outubro de 1999, processo 044 470 (cfr. a anotação a este acórdão de Fernanda Paula Oliveira, "Cedências para o domínio público e alterações a loteamento: como conciliar?", in *Cadernos de Justiça Administrativa*, nº 21, Maio/Junho, 2000).»[93]

Como se pode observar, esta nossa afirmação é feita num âmbito bem circunscrito – de saber se é possível, num loteamento urbano, proceder à alteração das prescrições referentes às cedências para o domínio público municipal – e pretende traduzir a ideia de que uma alteração, como modificação que é, não tem de estar, naturalmente, limitada pelas prescrições anteriores. Mais, significa que o *deferimento da alteração* substitui o ato anterior (licença inicial) *na parte alterada, condensando em si os parâmetros* (anteriores e alterados) da operação permitida (é isso que significa que se trata de um ato que substitui outro ato): no caso concreto, como melhor veremos de seguida, a alteração no loteamento aqui

---

[93] Cfr. Fernanda Paula Oliveira, Maria José Castanheira Neves e Dulce Lopes, *Regime Jurídico da Urbanização e Edificação. Comentado*, 4ª ed., *cit.*, pp. 352-353.

132

em apreciação passará pela substituição, no alvará de loteamento, de vários lotes por um só onde serão inscritas as novas prescrições urbanísticas[94].

Isto nada toca, porém, com a forma como deve ser determinado o conteúdo do novo lote: sendo aplicáveis à alteração, enquanto uma nova pretensão, as novas regras em vigor, a mesma pode, contudo, ser deferida (ficando à margem daquelas novas regras), desde que, como referimos *supra*, da alteração em causa, reponderando o *loteamento na sua globalidade* (isto é, comparando a totalidade do loteamento com e sem a alteração), resulte um *desagravamento da desconformidade* da licença com o novo plano ou, no mínimo, um *não agravamento* dessa desconformidade, se ela já existia[95]/[96].

A reapreciação do loteamento na sua globalidade e a substituição do anterior pelo novo ato não há de, assim, significar fazer tábua rasa do que foi anteriormente licenciado nem da posição de que o interessado

---

[94] Aliás, precisamente porque não está em causa um ato que faça tábua rasa da decisão anteriormente tomada, substituindo-a por uma distinta, é que o legislador deixou de exigir que a alteração do loteamento desse lugar à emissão de um *novo alvará*, tendo passado a determinar que tal alteração corresponde a um mero *aditamento* àquele título, devendo ser comunicado oficiosamente à Conservatória do Registo Predial competente, para efeitos de *averbamento*.

É por isso que o já referido Acórdão do STA de 9 de julho de 1996 tem de ser lido com as devidas adaptações, atento o enquadramento legal em que foi proferido e a evolução legislativa entretanto ocorrida. Não se pode falar, assim, atualmente, quando está em causa uma alteração a um loteamento, que esta corresponde à aprovação de um *"novo loteamento"*, que, por ser novo, deve ser considerado como *"um ato sucessivo que veio tomar o lugar do primitivo"* e não um *"ato sobre ato"*. Por seu lado, por estar em causa um *aditamento* a uma aprovação de loteamento e não *"nova aprovação"*, não se pode afirmar que a mesma *"não está conexa com a anterior, autonomiza-se dela, em termos lógico-jurídicos"*.

[95] É também nesse sentido que tem de ser entendido o Acórdão do STA de 24 de novembro de 2004, no âmbito do proc. 46 206, segundo o qual o ato que aprova uma alteração ao loteamento *"é um ato sucessivo que se autonomiza do anterior e visa uma nova definição da posição jurídica da Administração face à pretensão do particular"*.

[96] Caso assim não fosse, teria de se impedir, por desconformidade com o novo plano, todas as alterações a licenças concedidas em momento anterior desconformes com ele que visassem reduzir essa desconformidade: no caso concreto, podendo o interessado concretizar na área do loteamento 6 fogos, teria de se impedir uma alteração que consistisse na redução do número de fogos para 5 porque a aplicação do novo parâmetro apenas permite 4. O que não faria qualquer sentido já que o interessado continua a ter direito a realizar a operação tal como foi licenciada, isto é, em maior desconformidade com o plano e o que certamente fará se lhe for indeferida a pretensão menos *gravosa*.

parte. A reapreciação do loteamento na sua globalidade é uma exigência que tem de ser cumprida por forma a que se avalie se a nova pretensão (a alteração) está conforme às novas regras ou, não estando, se comparando com o loteamento anterior (que conferiu direitos ao interessado) *desagrava* tal desconformidade ou, no limite, *não a agrava*.

Se isto é assim em geral, vejamos agora as alterações que o interessado pretende introduzir no loteamento aqui em análise de modo a aferir se existem nessas alterações especificidades que nos levem a uma conclusão diferente. E esta nossa apreciação – em concreto, a averiguação do cumprimento das novas exigências do plano diretor municipal revisto – será feita a partir de uma *reapreciação global do loteamento*, isto é, cotejando com essas novas regras o loteamento sem a alteração e com a alteração pretendida. Vejamos pois.

4. Do caso concreto

As alterações que foram colocadas à avaliação da câmara municipal no âmbito do pedido de informação prévia traduzem-se, como referido *supra*:

- na unificação de 4 lotes num só, passando o total de lotes de 6 para 3 (redução do número de lotes);
- na manutenção do número de fogos e respetiva tipologia [no lote que resulta da unificação serão construídos os mesmos fogos que estavam previstos para cada um dos lotes iniciais (4), com a diferença de que ficam sujeitos a propriedade horizontal];
- no aumento da área de construção em 40m^2;
- no aumento da área de implantação dos edifícios em 21m^2.

Dos dados do processo resulta que nem o *aumento da área de construção* nem o *aumento da área de implantação dos edifícios* são impedidos pelo plano diretor municipal revisto[97], estando apenas em causa o cumprimento do parâmetro da *densidade líquida (de utilização)* que, não vigorando aquando do licenciamento inicial do loteamento, foi introduzido

---

[97] Estas duas alterações não têm implicações nas áreas a ceder, mas, mesmo que tivessem, tal não seria necessariamente motivo para o indeferimento das pretensões em causa, já que, desde que o interessado procedesse ao pagamento da compensação a que se refere o artigo 44º do RJUE, poderia haver lugar ao deferimento.

no novo (revisto) plano diretor municipal e que, portanto, está em vigor no momento da decisão sobre a pretensão de alteração do loteamento.

Trata-se de um parâmetro que visa controlar a densidade habitacional existente numa determinada área territorial, correspondendo este parâmetro, nos termos do Decreto Regulamentar nº 9/2009, de 29 de maio, ao quociente entre o *número de fogos* existentes ou previstos para uma determinada porção do território e a *área do solo a que respeita*.

Tratando-se de uma alteração a um loteamento que permanece em vigor, e tendo de se fazer, para aferir a viabilidade da pretensão, como referimos *supra*, uma avaliação global do loteamento comparando o antes e o depois da alteração, duas conclusões se retiram desde logo na presente situação: primeira, a de que essa comparação não é possível no caso concreto, na medida em que o referido parâmetro não foi aplicado ao primeiro loteamento; segunda, a de que não é possível fazer um juízo retroativo de aplicação deste parâmetro ao loteamento inicialmente licenciado precisamente porque o mesmo não estava previsto a essa data e não há como afirmar que a operação teria sido licenciada nos termos em que o foi se estivesse.

Não se pode, assim, utilizar este novo parâmetro para, com base nele, aferir se a presente alteração, não cumprindo o novo (revisto) plano diretor municipal, agrava ou desagrava a licença inicialmente emitida deste ponto de vista (da densidade habitacional).

O que não significa que este juízo não possa ser feito, ainda que, para tal, tenham de se utilizar outros critérios.

Para este efeito releva, quanto a nós, o facto de a presente alteração não ter qualquer implicação nem *na área do loteamento* nem no *número de fogos* previstos no loteamento inicialmente aprovado[98].

Com feito, bem analisadas as coisas, a alteração pretendida apenas tem reflexos do ponto de vista *jurídico*, ou melhor, do ponto de vista do *estatuto jurídico* das edificações a erigir e dos solos onde as mesmas estão implantadas, que passarão, as primeiras, de edificações com autonomia jurídica para frações autónomas de um conjunto imobiliário (um con-

---

[98] Referimo-nos ao número de fogos porque é ele que releva para efeitos do parâmetro "densidade habitacional" que aqui está em crise.

junto condominial) e os segundos de lotes distintos uns dos outros para um único lote onde aquelas edificações serão construídas[99].

Refira-se, ainda, que a pretendida unificação dos lotes num lote maior não tem qualquer influência no número de fogos que hoje se assinala àquela mesma área territorial: de facto, como julgamos ser de fácil perceção, a *reformatação do loteamento* do ponto de vista da sua *estruturação fundiária* não tem quaisquer consequências em termos de redução ou ampliação do número de fogos para a área territorial de referência – o número de fogos não resulta efetivamente aumentado relativamente à situação anterior; apenas se pretende alterar o *estatuto jurídico* do solo onde os referidos fogos estão implantados, não ocorrendo qualquer modificação de uso ou de tipologia habitacional.

Note-se, com relevo para a questão que aqui estamos a analisar, que a criação de vários fogos implantados, cada um deles, em lotes distintos, ou a sua implantação em apenas um lote, sujeitos a propriedade horizontal mais não são do que duas formas jurídicas distintas de concretizar uma mesma pretensão, tendo, do ponto de vista jurídico, idênticas cargas no território[100]. Precisamente por se tratar de uma via alternativa ao loteamento, a solução que agora se pretende levar a cabo podia perfeitamente ter sido logo adotada no projeto de loteamento inicial, não significando essa opção, à data, qualquer carga acrescida comparativamente com a que foi licenciada.

Ora, é precisamente esta *neutralidade da alteração pretendida* – que mantém, comparativamente com a solução anterior e para a mesma área territorial, exatamente o mesmo número e a mesma tipologia de fogos já admitidos – que nos permite concluir que tal alteração não corresponde a um qualquer agravamento da situação anterior: no caso, havendo tal neutralidade, e estando presente uma alteração diretamente relacionada com a necessidade de introduzir melhorias ao nível das condições

---

[99] Note-se que nada mudaria se os edifícios se encontrassem construídos, pois mesmo que tal já tivesse acontecido nada impediria que se promovesse uma alteração como a pretendida, da mesma forma que nada impediria que se procedesse a uma operação de sentido contrário, autonomizando juridicamente, através de divisão fundiária, frações imobiliárias em lotes autónomos.

[100] Por isso o legislador acabou por permitir equiparar às operações de loteamento, do ponto de vista dos encargos, as construções de edifícios contíguos e funcionalmente ligados entre si (operações com impacte semelhante a um loteamento) – nº 5 do artigo 57º do RJUE.

de habitabilidade (funcionais) e de qualidade do espaço exterior (enquadramento urbano ou paisagístico), não vemos como pode a mesma ser impedida por estar desconforme com o plano diretor municipal atualmente em vigor. Aplica-se, neste caso, a posição que defendemos *supra*: de que um pedido de alteração que incida sobre operações urbanísticas em relação às quais ainda existam direitos decorrentes de atos anteriores (porque as respetivas licenças permanecem em vigor) deve ser deferido pela câmara municipal, mesmo que tal alteração esteja em desconformidade com o plano diretor municipal, desde que o novo pedido *não agrave* ou até *desagrave* a violação deste.

Situação que, em nosso entender, está verificada no presente caso.

12
Informação prévia favorável como ato vinculativo? Que vinculação e em que termos?

1. O caso

i. No âmbito de um processo de loteamento foram suscitadas algumas dúvidas quanto à legalidade do ato administrativo que licenciou a operação urbanística e deu origem à emissão do respetivo alvará.

A primeira delas prendia-se com a fórmula utilizada pela câmara municipal no procedimento de pedido de informação prévia que antecedeu o pedido de licença de loteamento, colocando-se a questão de saber se correspondia ao deferimento efetivo do pedido de informação prévia a formulação *"emite-se parecer prévio favorável condicionado à apresentação de um estudo global sobre as vias e arruamentos"*.

Por sua vez, atendendo, por um lado, ao teor dos artigos 14º, nº 2, e 17º do RJUE e, por outro, à circunstância de a operação de loteamento em causa ter parâmetros urbanísticos diferentes daqueles que foram objeto do referido pedido de informação prévia, questionava-se se tal pedido de informação prévia podia fundamentar a derrogação das regras urbanísticas do atual plano diretor municipal entretanto entrado em vigor (de referir, a este propósito, que a zona em causa está qualificada no atual plano como zona verde, contrariamente ao que constava na versão de 2001, à luz da qual foi formulado o pedido de informação prévia, onde o terreno era qualificado como urbanizável).

ESCRITOS PRÁTICOS DE DIREITO DO URBANISMO

ii. Como resulta claro, as dúvidas que se suscitaram na presente situação decorrem do facto de o pedido de licenciamento da operação de loteamento, embora apresentado ao abrigo do plano diretor municipal na sua versão de 2001, ter sido já decidido na vigência da versão revista deste plano de 2015, versão que não permite, ao contrário da anterior, a sua concretização por qualificar a área em causa como zona verde (inviabilizando aí qualquer operação urbanística).

Dúvidas que fazem sentido na medida em que vigora entre nós o princípio geral, consagrado expressamente no artigo 67º do RJUE, segundo o qual a validade dos atos administrativos de gestão urbanística, de que é exemplo uma licença de loteamento, depende da sua conformidade com as normas legais e regulamentares em vigor à *data da sua prática* (*tempus regit actum*), princípio que apenas não valeria aqui caso o plano diretor municipal de 2015 contivesse, e não contém, uma norma expressa, de direito transitório, em sentido contrário.

Assim, ainda que o pedido tenha sido apresentado antes da entrada em vigor da versão de 2015 do plano diretor municipal, uma vez que a decisão sobre o mesmo foi já proferida na vigência deste, a pretensão teria de se conformar com ela.

Esta solução apenas seria diferente caso fosse possível defender que o deferimento do presente loteamento se apresenta para o particular como *um direito* decorrente de uma decisão anterior da câmara municipal *que a vincule*. E no caso concreto haverá esse direito caso se possa defender que a presente operação de loteamento é uma decorrência de um pedido de informação prévia que a tenha antecedido. Isto porque uma informação prévia fornecida pela câmara municipal corresponde a um *verdadeiro ato administrativo* que se pronuncia de forma prévia ou antecipada sobre a viabilidade da realização de uma determinada operação urbanística, pelo que, ainda que não tenha carácter permissivo (por não ser com base nela que o particular pode promover e executar a operação urbanística apreciada), confere ao interessado uma posição jurídica que se traduz no direito a obter, no procedimento que necessariamente tem de se lhe seguir, uma decisão com o mesmo conteúdo da decisão preliminarmente tomada em sede do pedido de informação prévia[101].

---

[101] Sobre esta configuração do pedido de informação prévia, cfr. o nosso «"Que direitos me dás, que direitos me recusas?". Reflexão em torno da questão da impugnabilidade de infor-

INFORMAÇÃO PRÉVIA FAVORÁVEL COMO ATO VINCULATIVO?

E isto, ainda que as normas em vigor e ao abrigo das quais a informação prévia tenha sido favoravelmente emitida se tenham entretanto alterado, já que, a não ser que o plano expressamente determine em sentido contrário quanto à perda de efeitos das informações prévias, estas, dentro do seu prazo de vigência, têm precisamente por vantagem estabilizar as normas aplicáveis ao projeto que será apreciado em sede de licenciamento[102].

Deve, porém, ter-se presente que uma informação prévia favorável apenas tem os efeitos referidos se: *(i)* o pedido de licenciamento der entrada na câmara municipal no prazo de um ano a contar da sua notificação e *(ii)* o projeto corresponder àquele que foi objeto da informação prévia e cumpra as suas condições caso a informação prévia favorável seja condicionada.

Assim, como se pode perceber, as questões colocadas apresentam-se, efetivamente, como relevantes: porque o loteamento aqui em referência já não é possível à luz do atual plano diretor municipal ao abrigo do qual foi licenciado, este licenciamento apenas não será considerado nulo caso seja possível concluir que:

– a decisão da câmara municipal proferida no âmbito do pedido de informação prévia corresponde ao deferimento efetivo daquele pedido, portanto, a uma informação prévia favorável, ainda que condicionada;

---

mações prévias desfavoráveis», in *RevCEDOUA*, nº 20, Ano X, 2.07, Coimbra Editora, 2008, pp. 149-151.

[102] Neste sentido, cfr. FERNANDA PAULA OLIVEIRA, MARIA JOSÉ CASTANHEIRA NEVES e DULCE LOPES, *Regime Jurídico da Urbanização e Edificação. Comentado*, 4ª ed., *cit.*, pp. 292-297 e os argumentos aí utilizados. Cfr., ainda, JOÃO PEREIRA REIS, MARGARIDA LOUREIRO e RUI RIBEIRO LIMA, *Regime Jurídico da Urbanização e Edificação, Anotado*, 3ª ed., Coimbra, Almedina, 2008, pp. 86-87, para quem um dos objetivos fundamentais do pedido de informação prévia é, precisamente, «*definir o quadro de referência que vai reger a "formatação" dos procedimentos de controlo prévio*», tendo como vantagem, nas palavras de ANDRÉ FOLQUE, *Curso de Direito da Urbanização e da Edificação, cit.*, pp. 224-225, salvaguardar a pretensão *"contra vicissitudes do plano"*, ou, como afirma FREITAS DO AMARAL, *Curso de Direito Administrativo*, vol. II, 3ª ed., 2016, p. 242, garantir o seu destinatário *"contra as alterações supervenientes da regulação urbanística ou dos critérios de decisão dos órgãos administrativos"*. É precisamente por este motivo que a afetação, por plano municipal, dos direitos conferidos em momento anterior à sua vigência em sede de informação prévia dá lugar a indemnização (cfr. nº 2 do artigo 171º do novo RJIGT).

ESCRITOS PRÁTICOS DE DIREITO DO URBANISMO

- o pedido de licenciamento foi apresentado no prazo de um ano a contar da notificação daquele despacho;
- o projeto de loteamento apresentado no âmbito do procedimento de licenciamento corresponde ao projeto que foi objeto de informação prévia favorável.

Vejamos, desde logo, se está verificado o primeiro requisito referido, isto é, se estamos aqui perante uma informação prévia favorável.

2. A natureza jurídica do *"parecer prévio favorável condicionado"*

Sendo o procedimento relativo a um pedido de informação prévia um procedimento administrativo atinente a uma pretensão formulada pelo particular (por via de um requerimento) e que termina com uma decisão administrativa que, como referimos, decide sobre essa mesma pretensão, ainda que com carácter (natureza) prévio, este procedimento deve terminar ora com uma *informação prévia desfavorável* (que corresponde ao indeferimento da pretensão), ora com uma *informação prévia favorável* (que corresponde ao seu deferimento), ora, ainda, com uma *informação prévia favorável com condições* (um deferimento condicionado).

É precisamente por este facto que se suscitam dúvidas quanto ao verdadeiro sentido da deliberação camarária que, em vez de emitir uma informação prévia favorável, emitiu um *"parecer"* prévio favorável condicionado.

Quanto a nós, não temos dúvidas em afirmar que estamos aqui perante uma informação prévia favorável condicionada. E isto, por várias razões.

Em primeiro lugar, porque a Administração tem, perante requerimentos que lhe sejam dirigidos, designadamente no âmbito de um procedimento de informação prévia, o *dever de decisão*, não podendo escudar-se do seu cumprimento emanando, como alternativa, um mero parecer, que, como se sabe, corresponde a um auxiliar da decisão.

Em segundo lugar, porque, caso aquela decisão não fosse assim entendida, então teríamos de concluir que não houve, no âmbito do procedimento de informação prévia apresentado pelo interessado, uma decisão final do requerimento dentro do prazo, o que se traduziria num deferimento tácito da pretensão apresentada pelo particular (e nos termos em que foi apresentada), o que decorre do disposto na alínea *c)* do artigo 111º do RJUE[103].

Por último, e em terceiro lugar, porque a deliberação se limitou a utilizar uma fórmula muito comum em algumas câmaras municipais (ainda que, na nossa ótica, desadequada) para designar o ato que coloca fim a (decide) um pedido de informação prévia. A expressão *parecer favorável* ou *parecer desfavorável* tem, de facto, sido utilizada por várias câmaras municipais para designar este ato por, segundo cremos, se pretender tornar claro que não estamos aqui perante um ato permissivo (que não permite iniciar de imediato a operação urbanística), mas uma decisão preliminar que condiciona (vincula) uma decisão posterior (licenciamento), essa sim de carácter permissivo.

Temos apelado (o que aqui reforçamos) para que se tenha maior rigor na utilização dos conceitos legais, por forma a evitar dúvidas que legitimamente se podem colocar (como sucedeu na presente situação), ainda que sempre tenhamos interpretado aquelas expressões menos rigorosas com o sentido que elas efetivamente devem ter, que é de decidir, de forma definitiva, o procedimento de informação prévia requerido pelo interessado.

Deste modo, a deliberação camarária proferida no âmbito do procedimento de informação prévia deve ser interpretada como a emissão de uma *informação prévia favorável com condições* (um deferimento condicionado do pedido de informação prévia), sendo a condição imposta a apresentação de um estudo global sobre as vias e os arruamentos que ajude a enquadrar e melhorar a articulação da operação de loteamento com a sua envolvente.

Aliás, é a própria deliberação, ao aludir aos efeitos não permissivos de uma informação prévia, que enquadra expressamente a decisão aí proferida neste tipo de procedimento.

3. Dos efeitos da informação prévia favorável condicionada

i. Como foi referido *supra*, a informação prévia favorável apenas produz os seus efeitos *vinculativos* para a câmara municipal (e *constitutivos do*

---

[103] Sobre a aplicação do previsto nesta alínea aos pedidos de informação prévia, cfr. Fernanda Paula Oliveira, Maria José Castanheira Neves e Dulce Lopes, *Regime Jurídico da Urbanização e Edificação*, 4ª ed., *cit.*, p. 707.

ESCRITOS PRÁTICOS DE DIREITO DO URBANISMO

direito a uma decisão favorável para o interessado) verificados que estejam determinados pressupostos, concretamente:

(a) que o pedido de licenciamento[104] dê entrada na câmara municipal no prazo de um ano a contar da sua notificação; e

(b) que o projeto corresponda àquele que foi objeto da informação prévia e cumpra as suas condições caso a informação prévia favorável seja condicionada.

No caso em apreço, não existem dúvidas quanto à verificação do primeiro pressuposto[105], tendo o interessado, aquando do pedido de licenciamento e em cumprimento da condição que lhe foi imposta na informação prévia, juntado um estudo global sobre as vias e os arruamentos envolventes de modo a garantir, como pretendido, um melhor enquadramento e articulação da operação de loteamento com a sua envolvente (tendo, portanto, cumprido a condição imposta).

As dúvidas colocam-se quanto ao cumprimento do outro pressuposto, concretamente quanto a saber se o projeto apresentado em sede de licenciamento corresponde àquele que foi objeto da informação prévia.

Este aspeto apresenta-se como fundamental já que o que se afirma comummente é que a informação prévia apenas vincula a câmara municipal *nos exatos termos em que tiver sido emanada*, de onde decorre que nem sempre este órgão fica obrigado a deferir o pedido de licenciamento que lhe é apresentado na sequência do pedido de informação prévia, bastando para tal que o projeto apresentado para obtenção da licença não corresponda ao que foi objeto de apreciação na informação prévia.

Vejamos este ponto com mais atenção.

ii. Refira-se, desde logo, que a afirmação de que a informação prévia apenas vincula *nos exatos termos em que tiver sido emitida* tem de ser devidamente entendida, sendo certo que tal não pode querer dizer que o interessado apenas tem direito a obter o licenciamento se o projeto

---

[104] Referimo-nos aqui apenas ao licenciamento por ser esse o procedimento que estava em causa na presente situação, ainda que a vinculação também valha para as situações em que, na sequência da informação prévia, o interessado venha a apresentar uma comunicação prévia.

[105] De facto, o pedido de licenciamento foi apresentado em 15 de outubro de 2015, sendo a informação prévia de 24 de dezembro de 2014.

INFORMAÇÃO PRÉVIA FAVORÁVEL COMO ATO VINCULATIVO?

apresentado nesta sede for exatamente igual (em tudo igual) ao que foi objeto de informação prévia.

Esta total equivalência entre o projeto sujeito a licenciamento e o "projeto preliminar" objeto de informação prévia não é, de facto, por regra, exigível. Com efeito, servindo a informação prévia para que o interessado conheça, de antemão, se a operação urbanística que pretende levar a cabo é ou não viável, evitando perdas (de tempo e de dinheiro) no desencadeamento de um procedimento de licenciamento que depois venha a ser indeferido, o que deve instruir o pedido de informação prévia não é *o projeto da operação urbanística* mas um *projeto preliminar* da mesma, ou seja, um projeto que identifique a operação nos seus traços essenciais e que estará na base, num momento subsequente, da elaboração do projeto (definitivo, completo e final) a sujeitar a licenciamento[106].

Isto significa que o projeto a licenciar não corresponderá por regra (nem tem de corresponder), *ipsis verbis*, ao projeto preliminar previamente apreciado, já que terá necessariamente desenvolvimentos e pormenores que não constavam (não tinham de constar) daquele.

Claro que da perspetiva do interessado, quanto mais concreto for o projeto preliminar apresentado em sede de informação prévia mais consolidada fica a sua posição jurídica, já que a câmara municipal, na decisão que venha a proferir em sede de licenciamento, fica mais vinculada por aquilo que apreciou em sede de informação prévia. Pelo contrário, quanto menos concreto for o projeto preliminar em sede de informação prévia, menos consolidada será a posição do interessado, já que, em tudo aquilo em que não tenha havido pronúncia nessa sede, a Administração mantém um poder de análise "desvinculado", no sentido de que, em relação aos *aspetos inovadores não apreciados preliminarmente*, mantém o seu poder de apreciação, que, no limite, pode, desde que existam fundamentos legalmente admitidos para tal, levar ao indeferimento da pretensão.

Por isso é que o particular tem todo o interesse, como afirmamos, em formular um pedido de informação prévia o mais concreto possível (e é

---

[106] Se assim não fosse, o pedido de informação prévia não poderia cumprir uma das suas funções, que é a de evitar que o interessado perca tempo e dinheiro a mandar fazer um projeto que pode ser indeferido, por ser inviável. Daí que o projeto definitivo e com todas as suas valências só tenha de ser elaborado quando o interessado conheça os traços fundamentais do mesmo e a viabilidade do seu licenciamento.

por isso que a lei admite, ao abrigo do artigo 14º, nº 2, do RJUE, a apresentação de um pedido de informação prévia *qualificado,* isto é, de um pedido baseado num projeto o mais próximo possível daquele que será o projeto final e completo a sujeitar a licenciamento).

Tal não significa, porém, que caso o pedido de informação prévia não seja formulado nesses termos (ou caso tenha sido, mas o projeto, em sede de licenciamento, se distancie do mesmo em alguns aspetos), a câmara municipal fique totalmente desvinculada da apreciação preliminarmente feita; apenas mantém esse poder de apreciação "desvinculado" em relação *às partes inovadoras do projeto* e não já em relação àquelas sobre as quais se pronunciou em sede de pedido de informação prévia.

Ou seja, e dito de outra forma, uma coisa é a situação em que o projeto apresentado em sede de licenciamento é um *projeto diferente* do que foi objeto de informação prévia (*v. g.,* incide sobre uma *distinta operação urbanística* ou sobre uma operação urbanística do mesmo tipo, mas com *características substancialmente distintas* a ponto de não se poder falar no mesmo projeto), outra coisa é a situação em que o projeto é o mesmo, ainda que com alterações (designadamente, desenvolvimentos ou concretizações) em relação ao anterior.

Sobre esta questão tivemos oportunidade de escrever o seguinte:

> «*A afirmação de que o carácter vinculativo de uma informação prévia favorável está dependente de o projeto apresentado para licenciamento ou a comunicação prévia corresponder ao que foi apreciado no seio da informação prévia – com a consequência, em relação a todas as restantes questões não apreciadas, de a entidade competente manter amplos poderes de conformação para, caso assim o entenda, e desde que estejam presentes fundamentos legalmente admitidos para o efeito, indeferir o pedido – deve ser devidamente entendida. Com efeito, tal não significa que (toda) a informação prévia perde o carácter vinculativo para a entidade administrativa (e constitutivo de direitos para o interessado) apenas porque se introduzem alterações ao projeto inicialmente apreciado em sede de informação prévia: se relativamente aos aspetos "inovadores" do projeto aquela informação perde o referido efeito vinculativo e constitutivo de direitos, já o mesmo não sucede relativamente àqueles que se mantenham e tenham sido devidamente analisados em sede de informação prévia. É que a perda, na sua totalidade, do carácter vinculativo da informação prévia apenas se pode afirmar quando as alterações introduzidas no projeto permitam concluir que se está perante um* projeto diferente

daquele que foi objeto de informação prévia e não já quando se trata do mesmo projeto, ainda que com algumas alterações ou precisões.

Neste caso, apenas em relação às partes "inovadoras" do projeto existirá uma possibilidade de apreciação "desvinculada" da pretensão, a qual poderá, desde que estejam verificados os respetivos fundamentos, dar origem ao indeferimento da pretensão. Em relação a todas as restantes questões que tenham sido objeto de apreciação (e porque se trata do mesmo projeto), ocorrem os efeitos vinculativos da informação prévia.» [107]

O que aqui se afirma é absolutamente relevante no caso em apreço, já que o facto de não haver uma total coincidência entre o projeto que foi objeto de informação prévia e o que obteve licenciamento não significa necessariamente que estejamos perante um *projeto distinto* que, deixando "livre" a apreciação que a Administração tem de fazer, a obriga a reapreciar *ex novo* toda a pretensão e, portanto, a aplicar as novas normas entretanto entradas em vigor.

Mais, quando a informação prévia favorável impõe condições, o cumprimento destas pode obrigar a proceder a alterações ao projeto, por vezes, até, com alguma substância, sendo certo que tal não pode ser invocado pela Administração, que impôs aquela condição, para tornar a sua apreciação numa *nova apreciação* à qual se aplica o *novo quadro legal e regulamentar* entretanto entrado em vigor.

Ou seja, e em suma, a não coincidência total entre projeto preliminar e projeto a licenciar não impede que a informação prévia mantenha o seu carácter vinculativo, já que tal falta de coincidência não significa que o projeto a licenciar seja outro projeto, totalmente distinto do anterior: quando, atentas as suas características, pudermos afirmar que o projeto é o mesmo, ainda que com alterações, a informação prévia mantém o seu carácter vinculativo quanto aos aspetos não alterados do projeto, apenas existindo desvinculação em relação aos aspetos inovadores do mesmo (desde que não coloque em causa aqueles outros, já estabilizados).

O que significa que é preciso, na presente situação, comparar o projeto de loteamento elaborado em sede de informação prévia com o apresentado e decidido em sede de licenciamento de modo a aferir se estamos

---

[107] Cfr. Fernanda Paula Oliveira, Maria José Castanheira Neves e Dulce Lopes, *Regime Jurídico da Urbanização e Edificação. Comentado*, 4ª ed., *cit.*, p. 281.

perante o *mesmo projeto*, ainda que com alterações – e que, por isso, quanto às partes essenciais do mesmo, designadamente quanto à possibilidade da sua *localização naquela área*, tem o seu enquadramento normativo definido em sede do pedido de informação prévia –, ou se se trata de projeto de loteamento distinto do anterior (e, por isso, um novo projeto), sujeito, deste modo, às novas regras entretanto entradas em vigor.

É este confronto (cotejo) que faremos no ponto seguinte.

4. Confronto entre o projeto sujeito a informação prévia e o projeto sujeito a licenciamento

Refira-se, antes do mais, o relevo que a operação de loteamento aqui em causa assumiu: na apreciação técnica que dela foi feita e na deliberação em sede de informação prévia foi expressamente reconhecida a importância desta intervenção na resolução de um problema urbanístico existente naquela área da cidade e que resultou de um anterior loteamento que, não tendo sido concretizado, potenciou a existência de edifícios destinados a habitação desprovidos de acesso e desintegrados urbanisticamente.

A deliberação camarária em sede de informação prévia refere-se expressamente ao *"inequívoco interesse público na componente da reabilitação urbana que a pretensão poderá configurar"*, ainda que, por reconhecer a necessidade de uma visão mais alargada, tenha condicionado a sua intervenção a um *"estudo global que contemple a integração das construções existentes e torne coerente a rede de arruamentos que venha a servir estas e futuras edificações, garantindo a sua conexão e articulação com os eixos rodoviários a que ficará ligada"*.

Esta situação edificatória desqualificada, que se mantém, e o facto de se ter emitido uma informação prévia para uma operação de loteamento que permite uma intervenção "requalificadora" e "integradora" da área sobre que incide, indiciam o interesse municipal que esteve subjacente à viabilização desta operação, ainda que nesse momento não estivessem ainda definidos todos os aspetos (pormenores) do projeto: a necessidade de tal pormenorização resulta clara da imposição da elaboração de um estudo global que olhasse para aquela área de uma forma integrada, ainda que se pretendesse, desde logo, viabilizar a referida pretensão.

Não será, aliás, muito difícil concluir que esta visão mais ampla da área em causa acabaria por, naturalmente, ter consequências ao nível do

INFORMAÇÃO PRÉVIA FAVORÁVEL COMO ATO VINCULATIVO?

próprio projeto de loteamento a desenvolver. Era para isso, aliás, que o estudo global imposto pela câmara municipal em sede de informação prévia servia: visando garantir uma adequada articulação do loteamento com a sua envolvente, tal estudo global acabaria por impor (como impôs) um desenho em alguns aspetos distinto do anterior.

Sendo o projeto licenciado distinto do apreciado em sede de informação prévia, fica por determinar se tal leva à conclusão de que estamos perante um *outro projeto* (substancialmente diferente do anterior) ou se, pelo contrário, se trata do *mesmo projeto*, ainda que com alterações.

Quanto a nós, ainda que em alguns aspetos existam diferenças de relevo nos dados que caracterizam o projeto em sede de informação prévia e o projeto em sede de licenciamento, consideramos que estamos perante *o mesmo projeto com alterações* (ficando, portanto, a apreciação da Administração em sede de licenciamento desvinculada apenas em relação às partes inovadoras do projeto, mas não já em relação às restantes) e não perante um *distinto projeto* (onde a desvinculação se apresentaria em relação a todos os aspetos do projeto, incluindo a viabilização da sua localização).

Retiramos esta conclusão comparando, precisamente, ambos os projetos (o sujeito a informação prévia e o objeto de licenciamento), comparação que nos permite afirmar que em ambos:

(a) está em causa um loteamento para a constituição de três lotes com edifícios de alguma dimensão, destinados a habitação/ /comércio/serviços;

(b) se prevê que à exceção do lote 2, que parcialmente poderá ter três pisos acima da cota de soleira, todos os restantes terão apenas dois pisos acima da cota de soleira, não estando previsto para qualquer um deles pisos abaixo da cota de soleira;

(c) os edifícios a erigir nos lotes têm uma disposição em "L", abertos a norte/nascente, circundados pelos arruamentos existentes;

(d) prevê-se a manutenção de uma área verde existente, e, ainda, que o interior do "L" dos edifícios seja ocupado com estacionamento;

(e) a construção correspondente ao lote 3 situa-se no extremo noroeste do terreno, com uma via interna ao lote que o circunda;

(f) os outros dois edifícios (correspondentes aos restantes lotes) estão alinhados e dispõem-se perpendicularmente ao primeiro, paralelos ao limite sul do terreno, mas separados entre si por

arruamentos em *cul-de-sac*, exclusivamente para acesso aos estacionamentos privativos dos lotes.

Tendo em consideração que de um loteamento urbano resulta a constituição de *lotes destinados a edificação*, se cotejarmos o *desenho* proposto na planta de síntese que acompanhou o pedido de informação prévia e o *desenho* que consta da planta de síntese que integra o alvará de loteamento, podemos concluir que, em relação a estes, existe uma identidade substancial quanto à sua configuração e à sua localização bem como à ocupação prevista.

Ou seja, *no geral* (ou no *essencial*), o *desenho urbano* previsto na informação prévia e o *desenho urbano* constante do alvará de loteamento são coincidentes: do ponto de vista da imagem urbana a diferença não é, de facto, facilmente detetável, sendo possível reconhecer no desenho que consta do alvará de loteamento, sem quaisquer dúvidas, o desenho que esteve subjacente ao anteprojeto sujeito a informação prévia.

No sentido desta *quase coincidência* apontam também os quadros sinóticos do pedido de informação prévia e do pedido de licenciamento na parte referente aos lotes: não existe, é certo, uma total coincidência entre ambos, já que, a título de exemplo, a área dos lotes é maior no projeto de licenciamento que no sujeito a informação prévia. Tal não significa, porém, uma maior área de construção nem de implantação dos edifícios a erigir em cada um daqueles lotes: quanto a estes parâmetros, havendo alguns ajustes entre os lotes, a verdade é que a área total de implantação das edificações e a área total de construção prevista diminui globalmente (ainda que de forma ligeira) no projeto de licenciamento, mantendo-se, porém, o número de pisos previstos e a cota de implantação.

Onde encontramos maiores diferenças é na *área de intervenção do loteamento*, que aumenta no licenciamento comparativamente com o projeto apreciado em sede de informação prévia, mas tal aumento não se traduz numa maior carga urbanística no território, nem num desenho substancialmente distinto na parte da área inicialmente objeto de informação prévia. Pelo contrário, esse aumento decorre, como resulta da memória descritiva e justificativa do licenciamento, da necessidade de localizar as áreas de cedência inicialmente previstas (que agora aumentam ligeiramente) fora da área do PIP, cedências que se destinam a estacionamento público, espaços verdes e de utilização coletiva e equipamentos de utilização coletiva[108]. Esta visão *mais global* do loteamento (isto é, para além do limite territorial da área de incidência da informação prévia) pode considerar-se, até, uma decorrência da condição imposta naquela informação: ao determinar a necessidade de elaboração de um estudo global para garantir a articulação do loteamento com a envolvente, permitiu-se *"lançar um olhar para lá da área inicialmente projetada"* sem que daí se possa concluir que o loteamento não é (ou já não é) aquele que foi apreciado em sede de PIP sem este alargamento territorial. Com efeito, ainda que "deslocalizadas" no terreno, estão em causa as mesmas áreas destinadas a usos públicos previstas em sede de informação prévia.

Refira-se, por último, como resulta também da memória descritiva e justificativa do loteamento, que alguns ajustes, designadamente em termos de infraestruturas, decorreram de sugestões dos próprios serviços técnicos municipais com vista a melhorar a funcionalidade do loteamento e a sua articulação com a área circundante da cidade, o que não poderia, também, servir de fundamento para, invocando essas diferenças de projeto, as inviabilizar.

Tudo ponderado, podemos afirmar, comparando o anteprojeto deferido em sede de informação prévia com o projeto objeto de licenciamento, que estamos aqui perante o mesmo loteamento urbano, ainda que com alterações que não podem, contudo, ser consideradas essenciais para afirmarmos que se trata de um novo projeto.

De onde resulta que em relação às partes não inovadoras do projeto – designadamente quanto à possibilidade da sua localização naquela área territorial, com aquele número de lotes, destinados à construção daquele tipo de edifícios e funcionalizados àqueles usos (aspetos que são coincidentes em ambos os procedimentos) –, os órgãos municipais estão vinculados pela apreciação e pela decisão dada em sede de informação prévia, não se lhes aplicando o novo plano diretor municipal entretanto entrado em vigor.

A desvinculação vale apenas para outros aspetos, que são inovadores, a não ser que os mesmos resultem do estudo global levado a cabo pelo interessado, já que nesse caso se estará a dar cumprimento à condição imposta em sede de informação prévia. Tal desvinculação não pode,

---

[108] De referir que estas áreas de cedência não são vistas como uma carga urbanística no território, mas como exigências de qualidade de vida e de um correto ambiente urbano, servindo como espaços de "desafogo" para compensar as cargas edificatórias previstas nos lotes.

ESCRITOS PRÁTICOS DE DIREITO DO URBANISMO

porém, colocar em causa os aspetos em relação aos quais a informação prévia mantém o seu carácter vinculativo.

5. Conclusões

Em suma, atentas as questões colocadas no início do presente texto, podemos concluir que:

(a) A deliberação da câmara municipal proferida no âmbito do pedido de informação prévia, segundo o qual se *"emite parecer prévio favorável condicionado"* à apresentação de um estudo global sobre as vias e arruamentos, corresponde ao deferimento efetivo do pedido de informação prévia;

(b) O facto de a operação de loteamento ter alguns parâmetros urbanísticos diferentes daqueles que foram objeto do pedido de informação prévia não significa que a mesma corresponda a um novo e distinto loteamento a ser apreciado de forma completamente desvinculada em relação ao PIP; pelo contrário, como decorre da sua análise, do que se trata é do *mesmo projeto com alterações*, donde, apenas na parte inovadora pode ser invocado o novo enquadramento normativo, mas somente se tal não colocar em causa questões previamente decididas em sede de informação prévia e em relação às quais esta mantém o seu carácter vinculativo e se não decorrer da própria condição imposta no PIP;

(c) Atento o cotejo entre os dois projetos, o que concluímos é que, no essencial, o projeto licenciado corresponde ao loteamento objeto de informação prévia, permitindo que esta produza os seus "efeitos derrogatórios" das regras urbanísticas do atual plano diretor municipal entretanto entrado em vigor.

13
As "condições" de uma informação prévia condicionada: quando a condição está dependente do próprio município

i. Com o presente texto pretendemos dar tratamento a uma questão de cariz essencialmente prático que surge com frequência na gestão urbanística municipal. Trata-se de saber que efeitos devem ser reconhecidos a uma informação prévia condicionalmente favorável, quando a verificação das condições impostas fica dependente, em exclusivo, de uma atividade da própria Administração municipal que as impõe. A questão adquire particular relevo quando o município não dá cumprimento às referidas condições no prazo de um ano a contar da notificação do deferimento da informação prévia favorável.

Dispensamo-nos de caracterizar aqui o ato administrativo que decide favoravelmente (ainda que com condições) um pedido de informação prévia, por o termos feito no texto imediatamente anterior, pelo que passamos para o tratamento direto da questão colocada.

ii. Como é sabido, as decisões proferidas no âmbito de um pedido de informação prévia podem ser *positivas* – informação prévia favorável ou deferimento do pedido – ou *negativas* – informação prévia desfavorável ou indeferimento do pedido.

Nos casos em que a decisão é negativa, o legislador exige que a entidade administrativa competente identifique, quando tal for possível,

os termos em que a mesma pode ser revista, por forma a cumprirem-
-se as normas estabelecidas (artigo 16º, nº 4, do RJUE). Esta previsão
assume um relevo fundamental na medida em que uma informação prévia desfavorável emitida nestes termos adquire, tal como a informação
prévia favorável, um conteúdo vinculativo para a câmara municipal se o
interessado apresentar um pedido de licenciamento que cumpra escru-
pulosamente os termos indicados na informação prévia para a revisão da
proposta[109].

O ato que põe fim ao procedimento de informação prévia pode ainda
ter um outro conteúdo: para além das informações prévias favoráveis
tout court e das informações prévias desfavoráveis com indicação dos termos da respetiva revisão, a entidade administrativa competente pode
ainda emitir (o que acontece frequentemente) uma *informação prévia
favorável condicionada* ao cumprimento de algumas exigências ou condicionamentos urbanísticos. É a própria lei que expressamente refere que
a informação prévia serve para verificar a viabilidade de realizar determinada operação urbanística e *respetivos condicionamentos.*

Uma informação prévia emitida nestes termos tem o sentido de atribuir aos respetivos requerentes o direito ao licenciamento da pretensão
formulada, mas apenas se as exigências ou condicionalismos urbanísticos impostos forem cumpridos.

Suscitadora de dúvidas é a natureza jurídica dos referidos "condicionamentos", que nem sempre será a mesma, variando em função de uma
série de fatores, designadamente o da entidade a quem cabe o respetivo
cumprimento (titular da informação prévia, terceiros ou a própria
câmara municipal). Esta é, como veremos, uma questão central do presente texto, pelo que a ela voltaremos mais adiante.

Para já basta reafirmar que a emissão de uma *informação prévia favorável condicionada* é perfeitamente possível à luz da legislação aplicável,
quer porque a lei a ela se refere diretamente (viabilidade de realizar a
operação urbanística e *respetivos condicionamentos*), quer porque, sendo o
ato que defere o pedido de informação prévia um verdadeiro ato administrativo, ao mesmo podem ser apostas cláusulas acessórias, desde que

---

[109] Nesse sentido, expressamente, *vide* ANTÓNIO DUARTE DE ALMEIDA e outros, *Legislação
Fundamental de Direito do Urbanismo*, Lisboa, Lex, 1994, pp. 831-832. Admite-se, assim, que
também uma informação prévia desfavorável seja vinculativa para a câmara municipal e constitutiva de direitos para o respetivo requerente.

não sejam contrárias à lei ou ao fim a que o ato se destina, tenham relação direta com o conteúdo principal do ato e respeitem os princípios jurídicos aplicáveis, designadamente o princípio da proporcionalidade (cfr. artigo 149º do CPA), quer ainda porque, nos termos dos artigos 13º, nº 3, e 58º do CPA, se admite em geral que a Administração decida coisa distinta ou mais ampla do que a pedida, o que lhe permite, embora tal não tenha sido requerido pelo interessado, decidir a viabilidade de realizar uma operação que, devido às condições impostas, não tem as características apresentadas inicialmente pelo interessado.

Sendo certo que a informação prévia apenas vincula a câmara municipal (e é, portanto, constitutiva de direitos para o respetivo requerente) *nos exatos termos em que tiver sido emitida* (sobre esta questão ver o texto anterior) torna-se fundamental, sempre que a informação prévia é emitida com condições, identificar devidamente as mesmas. Nem sempre, na prática, esta tarefa aparece facilitada dado a decisão final do procedimento consistir, muitas vezes, na emissão de uma decisão favorável com as condições impostas num conjunto de pareceres técnicos que o órgão competente se limita a homologar.

Note-se que, quando haja imposição de condições – e atendendo ao facto de a informação prévia apenas ser vinculativa para a câmara municipal se o interessado tiver formulado o pedido de licenciamento ou a comunicação prévia dentro do prazo de um ano, mas apenas, no caso de imposição de condições, desde que estas estejam cumpridas –, terá de se concluir que o prazo dentro do qual o interessado deve apresentar o pedido de licenciamento ou apresentar a comunicação é, em princípio, o prazo dentro do qual tem de dar cumprimento às condições impostas na informação prévia, sob pena de, não o conseguindo, a mesma perder os seus efeitos vinculativos para a câmara municipal (e constitutivos de direitos para o interessado), porque estes só existem se estiverem cumpridas as mencionadas condições.

E isto vale quer se trate de condições cujo cumprimento esteja na dependência do próprio requerente (por exemplo, a condição de previsão de vias não previstas inicialmente ou de adequação do projeto às capacidades construtivas indicadas na informação prévia), quer de condições cujo cumprimento esteja na dependência conjunta do requerente com terceiros (por exemplo, a condição que impõe a intervenção necessária, nos termos da legislação aplicável, de um proprietário vizinho que, no

ESCRITOS PRÁTICOS DE DIREITO DO URBANISMO

entanto, não demonstra qualquer interesse ou se recusa mesmo a fazê--lo). Não sendo possível cumprir aquelas condições dentro do referido prazo de um ano, a informação prévia deixa de produzir os efeitos pretendidos.

Nestes casos, as referidas condições valem como *condições potestativas resolutivas*[110] conjugadas com um *termo resolutivo*[111]: se *aquelas condições* não forem cumpridas *naquele prazo*, a informação prévia perde a sua "validade", *rectius*, a sua *eficácia* vinculativa e constitutiva de direitos, mesmo que o pedido tenha sido apresentado tempestivamente.

Isto significa que os interessados apenas têm, nos procedimentos que vierem a dar início na sequência do pedido de informação prévia deferido condicionalmente, direito ao licenciamento (ou a realizar a operação objeto de comunicação prévia) se o projeto apresentado para o efeito cumprir as condições que lhes tenham sido impostas e cuja concretização ficou delas dependente.

iii. O raciocínio que acabamos de fazer – de que as condições impostas na informação prévia são condições potestativas resolutivas conjugadas com um termo resolutivo – pode, contudo, não valer sempre. De facto, a solução pode ser diferente quando estejam em causa certas condições cujo cumprimento está na dependência do próprio município que as impõe.

Antes de avançarmos, torna-se, porém, necessário determinar que tipo de condições podem ser validamente impostas pelo município quando emita uma informação prévia favorável.

Desde logo, devem ser rejeitadas as informações prévias favoráveis que fiquem condicionadas a alterações regulamentares (*maxime* de planos) vigentes. Estando estas alterações na dependência do próprio município, as mesmas não estão, no entanto, disponíveis no âmbito da informação prévia, não podendo ser motivadas por um procedimento de

---

[110] Sobre o sentido das condições potestativas, *vide* ROGÉRIO EHRHARDT SOARES, *Direito Administrativo*, (policop.), Coimbra, 1978, p. 289.

[111] Sobre o sentido de cada uma destas cláusulas acessórias e a possibilidade de utilizar conjuntamente condições e termos, *vide* ROGÉRIO EHRHARDT SOARES, *Direito Administrativo*, cit., p. 288; MÁRIO ESTEVES DE OLIVEIRA/PEDRO GONÇALVES/J. PACHECO DE AMORIM, *Código do Procedimento Administrativo Comentado*, Coimbra, Almedina, 2ª ed., pp. 568 e segs.; e JOSÉ FIGUEIREDO DIAS/FERNANDA PAULA OLIVEIRA, *Direito Administrativo*, Coimbra, Almedina, 4ª ed., pp. 248 e segs.

AS "CONDIÇÕES" DE UMA INFORMAÇÃO PRÉVIA CONDICIONADA

gestão urbanística. Assim, sempre que o pedido de informação prévia não cumpra as normas legais e regulamentares aplicáveis, a informação prévia deve ser indeferida, identificando quais as alterações aos projetos que devem ser promovidas por forma a adequarem-se aos normativos aplicáveis. Do mesmo modo, se estivermos perante uma área sujeita a *reserva de urbanização* (isto é, áreas onde a ocorrência de concretas operações urbanísticas está dependente da prévia entrada em vigor de instrumentos de planeamento mais concretos, como planos de pormenor), não pode a informação prévia ser condicionada à entrada em vigor deste instrumento de planeamento. Se, sem a entrada em vigor daquele plano, não é possível licenciar as concretas pretensões urbanísticas, então as informações prévias a elas referentes terão de ser pura e simplesmente indeferidas, não havendo lugar, neste caso, à indicação das condições em que as mesmas poderiam ser deferidas na medida em que estão em causa circunstancialismos que não se referem ao projeto, mas aos dispositivos normativos aplicáveis.

Feito este esclarecimento, tomemos como referência para ilustrar o que aqui queremos demonstrar a hipótese prática (que corresponde a uma situação real) em que à informação prévia solicitada por um interessado a câmara municipal impôs, como condição para que o posterior pedido de licenciamento viesse a ser deferido, a concretização da permuta de um terreno do requerente por outro pertença do próprio município. Condição que resultou do facto de o pedido de informação prévia apresentado incidir parcialmente sobre terrenos municipais: na situação em causa a câmara municipal deferiu positivamente o pedido, "condicionando-o", contudo, à permuta desses seus terrenos por outros, do interessado, indispensáveis à concretização de uma importante infraestrutura viária municipal.

A hipótese referida (de o pedido de informação prévia apresentado pelo interessado poder incidir sobre prédios propriedade do município) é possível devido ao alargamento da legitimidade neste tipo de procedimentos. Assim, embora a titularidade de um direito que lhe permita concretizar a operação urbanística sobre os prédios objeto da pretensão se refira à legitimidade para a formulação do pedido de licenciamento, a mesma não tem quaisquer efeitos no que concerne ao pedido de informação prévia, sendo perfeitamente possível que os interessados apresentem um pedido de informação prévia sobre imóveis pertença do

ESCRITOS PRÁTICOS DE DIREITO DO URBANISMO

município. E nada impede, desde que desencadeados os mecanismos adequados, que o município aceite ceder os imóveis sobre os quais incide o pedido de informação prévia, fazendo depender tal cedência de uma permuta por outro terreno dos interessados, que a podem, sem qualquer tipo de impedimento, aceitar.

Qual, no entanto, o significado jurídico e possíveis implicações de uma "condição" deste tipo? Em especial, que consequências decorrem do facto de o município não concretizar, dentro do prazo de um ano, a realização da escritura pública de permuta? Pode ser invocada, caso o titular da informação prévia apresente o pedido de licenciamento dentro do prazo de um ano sem que aquela escritura tenha sido realizada, a falta de legitimidade deste e, com base neste motivo, rejeitar-se liminarmente o pedido? Ou pode o órgão competente vir invocar a falta de cumprimento da condição da informação prévia, quando tal cumprimento está dependente exclusivamente de uma sua atuação se o pedido não for feito no prazo de um ano a contar da informação prévia favorável por ainda não ter sido cumprida a condição: a promoção da permuta dos bens antecedida, caso estes pertençam ao domínio público, de desafetação?

iv. Para respondermos às questões anteriormente colocadas terá de se questionar, desde logo, a natureza jurídica da "condição" imposta, designadamente se se trata de uma *condição suspensiva* ou *resolutiva.*

Antes do mais, e como afirmamos já, pensamos que não pode valer para este tipo de condições o que foi referido relativamente àquelas cujo cumprimento depende exclusivamente de um comportamento do interessado, ou seja, não lhes deve ser reconhecida a natureza de *condição resolutiva* conjugada com um *termo resolutivo*. É que, se tal acontecesse, estar-se-ia a subverter a figura da informação prévia ao colocar nas mãos da entidade que atribui o direito ao interessado a possibilidade de o fazer extinguir, pelo simples facto de não cumprir, dentro de um determinado prazo, uma condição dela exclusivamente dependente[112].

---

[112] Ao contrário disto, a fixação, pelo legislador, de um prazo dentro do qual o pedido de licenciamento deve ser apresentado ao órgão municipal competente visa apenas limitar a possibilidade de os requerentes eternizarem a manutenção de um direito (o direito ao licenciamento) e, assim, penhorarem o interesse público que ficaria indefinidamente dependente dessa mesma vontade.

Não tendo as condições dependentes do município a natureza de condições resolutivas, poderá questionar-se se as mesmas têm natureza suspensiva? Se assim for, tal significa que, não obstante a informação prévia favorável, este ato constitutivo de direitos não produz os respetivos efeitos enquanto a referida condição (no caso, a concretização das permutas) não tiver ocorrido.

O raciocínio que aqui desenvolveremos para responder à questão colocada – da natureza jurídica deste tipo de condições – terá exclusivamente em mente a condição que está em causa no caso vertente – a concretização de permutas de terrenos –, que tem a particularidade de ter um reflexo imediato num pressuposto procedimental do licenciamento que se segue (a legitimidade)[113], pelo que pode não valer quando a condição dependente do município seja de outro tipo.

Tendo isto presente, devemos desde já começar por afirmar que a solução que aponta no sentido da natureza suspensiva da condição não nos parece, no caso em análise, a mais adequada, visto que permitiria à entidade administrativa competente manipular a informação prévia emitida: bastava que nunca desse cumprimento à condição para que os *efeitos* do ato não se desencadeassem e, assim, nunca o interessado pudesse invocar um direito decorrente da informação prévia[114].

Ora, neste caso, em que a condição tem uma incidência direta na legitimidade do interessado no que concerne ao procedimento de licenciamento subsequente, pensamos que a mesma deve ser vista não como condição para que os efeitos da informação prévia comecem a produzir-se (o que teria o significado de o direito não estar operativo na esfera jurídica do interessado enquanto a condição se não verificasse), mas antes como "condição" (pressuposto) para que o procedimento de licenciamento possa avançar, o que, do ponto de vista da posição jurídica dos interessados, é completamente distinto.

---

[113] Naturalmente que esta condição tem, indiretamente, consequências ao nível do conteúdo da pretensão: as capacidades construtivas seriam, provavelmente, diferentes se não se tivesse em conta os terrenos que ainda são propriedade (pública e privada) do município.

[114] É certo que se a referida condição fosse suspensiva, porque a informação prévia ainda não estava a produzir efeitos, também não estaria a correr o prazo de um ano para o requerente formular o respetivo pedido de licenciamento. Ficaria, no entanto, o interessado completamente refém da vontade da Administração em dar cumprimento ou não à condição imposta.

ESCRITOS PRÁTICOS DE DIREITO DO URBANISMO

É que, com uma solução como esta, o titular da informação prévia tem já, na sua esfera jurídica e decorrente da mesma, o *direito ao licenciamento* (este direito está já consolidado e é eficaz), estando apenas a *respetiva concretização* dependente de uma conduta da Administração[115].

Isto significa que esta condição tem que ver, exclusivamente, com a possibilidade de *concretização* de um direito já existente, válido e eficaz, o que, dito de outro modo, significa que tais existência, validade e eficácia não são postas em causa pelo incumprimento da referida "condição".

Naturalmente, para que o interessado possa invocar um direito decorrente do pedido de informação prévia terá também de formular o pedido de licenciamento dentro do prazo de um ano a contar da notificação da informação prévia. Porém, neste caso, coloca-se a questão, porque as permutas não foram ainda concretizadas, da falta de legitimidade do interessado no âmbito deste novo procedimento de gestão urbanística.

No entanto, em nosso entender, não poderá o município invocar neste caso a falta deste pressuposto procedimental para rejeitar o pedido de licenciamento, precisamente porque se trata de uma condição *imposta* por si próprio e cujo cumprimento está de si exclusivamente dependente. Donde a rejeição do pedido com base neste motivo corresponderia a um *venire contra factum proprium*, que torna o ato inválido por violação do *princípio da boa-fé*.

Acresce que a informação prévia (os termos em que esta é emitida) é *vinculativa* para a câmara municipal se o pedido for feito no prazo de um ano. Ora, apresentando o interessado pedido de licenciamento dentro daquele prazo e tendo o município assumido expressamente na informação prévia emitida a necessidade de realização das referidas permutas (necessidade que decorria do facto de com as mesmas se permitir a concretização da infraestrutura viária referida), tal significa que o município *se obrigou* (*autovinculou*), com a emissão da informação prévia naquelas condições, à concretização das mesmas.

Ou seja, e dito de outro modo, o município, com as condições que impôs no âmbito do pedido de informação prévia para que a operação

---

[115] O *direito à licença* é conferido no âmbito do procedimento de informação prévia enquanto o *direito à respetiva concretização* decorre do ato que põe termo ao procedimento de licenciamento. Trata-se, pois, de diferentes direitos, obtidos em diferentes procedimentos, se bem que intimamente relacionados.

AS "CONDIÇÕES" DE UMA INFORMAÇÃO PRÉVIA CONDICIONADA

pudesse ser realizada, assumiu uma determinada conceção urbanística para aquela área, à qual se vinculou ao emitir a referida informação prévia.

Ora, não pode esquecer-se agora um dos efeitos mais importantes do regime da informação prévia que é o seu carácter vinculativo: o município está, neste momento, vinculado pela informação condicionada que deu e, portanto, também pelas condições que impôs a si próprio com base na sua própria conceção urbanística prevista para aquele local.

Uma eventual decisão em sentido contrário só poderia ser entendida aqui como uma alteração da conceção urbanística que o município teve em mente ao emitir a informação prévia, o que significaria a revogação desta. No entanto, considerando que, como vimos, a informação prévia favorável, tendo o pedido de licenciamento sido apresentado dentro do prazo de um ano, é *constitutiva de direitos*, a respetiva revogação apenas poderá ser determinada nos termos do artigo 167º do CPA.

No entanto, ainda que hoje se admita a revogação de atos administrativos constitutivos de direitos válidos – nº 2 do artigo 167º –, tal daria sempre ao interessado de boa-fé o direito de ser justamente ressarcido pelo dano de que a revogação seja causa adequada, na medida em que o ato constitutivo de direitos ou de interesses legalmente protegidos origina um ambiente de confiança e de expectativa legítima na manutenção dos seus efeitos – nº 5 do artigo 167º.

14
Licenciamentos em parques naturais: quem decide o quê e quem é responsável pelo quê?

1. Considerações preliminares

i. O Parque Natural da Arrábida integra-se na rede nacional de áreas protegidas, embora a sua instituição tenha precedido em muito o diploma que atualmente regula esta matéria.

Com efeito, foi ainda ao abrigo da Lei nº 9/70, de 19 de junho, que, pelo Decreto-Lei nº 662/76, de 28 de julho, foi *criado* o Parque Natural da Arrábida, tendo o seu *regulamento* sido aprovado pela Portaria nº 26-F/80, de 9 de janeiro, posteriormente alterada pela Portaria nº 51/87, de 22 de janeiro.

Entretanto, pelo Decreto Regulamentar nº 23/98, de 14 de outubro, o Parque Natural da Arrábida foi *reclassificado* com reajustamento da sua área, tendo este ato normativo revogado a Portaria nº 26-F/80, *"com excepção do disposto nos artigos 8º a 16º, em tudo o que não disponham em contrário ao presente diploma"*.

Através do Decreto Regulamentar nº 11/2003, de 8 de maio, os limites do Parque foram, uma vez mais, alterados, por forma a adequá-lo às novas realidades – inclusão de parte do seu território na Rede Natura 2000 e a criação, na mesma área, da Zona de Proteção Especial do Cabo Espichel.

Apenas em 2005, pela Resolução do Conselho de Ministros nº 141/2005, de 23 de agosto, foi aprovado o Plano de Ordenamento do Parque Natural da Arrábida.

ii. Nas situações em que tenha de ser desencadeado um procedimento de licenciamento municipal a ter lugar na área territorial do Parque Natural da Arrábida torna-se fundamental determinar, em face da regulamentação deste Parque Natural, os momentos e as formas pelas quais a entidade por ele responsável nele intervém. É que, embora o licenciamento de operações urbanísticas seja da responsabilidade da Administração municipal, o legislador sempre se preocupou em garantir a intervenção no seu procedimento de entidades a ela exteriores que tenham na área especiais interesses, como acontece com os órgãos de gestão de Parques Naturais em relação a operações urbanísticas que ocorram na sua área territorial.

No caso do Parque Natural da Arrábida esta intervenção sempre esteve garantida nos vários diplomas que, ao longo dos anos, incidiram sobre esta área protegida, embora de formas diferenciadas.

Assim, determinava o artigo 8º do Decreto-Lei nº 662/76, que o criou, que até à entrada em exercício da comissão instaladora para a gestão temporária do Parque (que se manteria em funcionamento até que a orgânica e o funcionamento deste viessem a ser determinados por Portaria), um conjunto de operações, entre as quais a construção de edifícios e outras instalações, ficava dependente de *autorização* do Serviço Nacional de Parques, Reservas e Património Paisagístico e dos Ministérios da Agricultura e Pescas, das Obras Públicas e da Habitação, Urbanismo e Construção, sendo *nulos* os atos praticados em contradição com este regime.

Por sua vez, a Portaria nº 26-F/80, que aprovou o regulamento do Parque (*Plano Preliminar de Ordenamento do Parque Natural da Arrábida*), veio determinar, no nº 3 do seu artigo 12º, que *"[s]ão proibidos nesta área quaisquer trabalhos, obras ou actividades sem autorização da direcção do Parque, ou em inobservância das condições impostas ou dos projectos aprovados"*.

Por seu turno o Decreto Regulamentar nº 23/98 veio distinguir, no que aqui interessa, os atos e atividades sujeitos a *autorização* (artigo 11º) dos atos ou atividades sujeitos a *parecer vinculativo* (artigo 12º), tendo integrado neste último normativo a *"realização de obras de construção civil"*.

Embora o artigo 18º deste Decreto Regulamentar tenha determinado, no seu nº 3, que até à aprovação do Plano de Ordenamento do Parque Natural da Arrábida (que veio a ocorrer apenas em 23 de agosto de 2005, com a Resolução do Conselho de Ministros nº 141/2005) se

LICENCIAMENTOS EM PARQUES NATURAIS

manteria em vigor o Plano de Ordenamento Preliminar e o Regulamento publicados pela Portaria nº 26-F/80, referia expressamente que a manutenção dos efeitos desta Portaria apenas valia *em tudo o que não fosse contrário* ao Decreto Regulamentar nº 23/98, previsão confirmada pelo disposto no artigo 20º, o qual, embora mantendo em vigor os artigos 8º a 16º daquela Portaria, fazia idêntica ressalva.

Ora, a previsão dos artigos 11º e 12º deste Decreto Regulamentar alteraram, de forma clara, o disposto no nº 3 do artigo 12º da Portaria nº 26-F/80, já que, de uma *exigência geral de autorização prévia* da direção do Parque, se passou para uma sua exigência parcial, na medida a que a ela apenas passaram a ficar sujeitos os atos e atividades referidos no artigo 11º do Decreto Regulamentar nº 23/98, tendo os restantes, onde se incluem as obras de construção, passado a ficar sujeitos, apenas, a *parecer vinculativo* daquele.

A entrada em vigor do Plano Especial de Ordenamento do Parque Natural da Arrábida veio alterar substancialmente este regime, uma vez que, como lhe competia, passou a fixar as regras concretas de ocupação, uso e transformação do solo com vista à salvaguarda destas áreas – identificando expressamente as atividades interditas bem como as atividades admitidas e respetivas condições –, reduzindo substancialmente (embora não na sua totalidade) as situações em que as operações ficam sujeitas a *prévia autorização* ou *parecer vinculativo* dos órgãos do Parque[116].

Com efeito, aquelas regras de regulação do uso do solo, sendo de aplicação imediata, passaram a ser diretamente apreciadas pelos municípios aquando do licenciamento de operações urbanísticas, devendo os respetivos atos de licenciamento respeitar as suas determinações sob pena de nulidade dos atos de licenciamento[117].

O mesmo não sucede com aquelas situações, que o Plano de Ordenamento ainda prevê, em que a licença municipal não pode ser emitida

---

[116] Neste sentido, *vide* o artigo 9º do Plano de Ordenamento do Parque Natural da Arrábida.

[117] Como se sabe, esta situação está em vias de ser alterada na medida em que uma das importantes novidades introduzidas no sistema de gestão territorial português pela Lei nº 31/2014, de 30 de maio (Lei de Bases Gerais da Política Pública de Solos, de Ordenamento do Território e de Urbanismo), foi a integração dos planos especiais na categoria dos *programas*, determinando o fim do carácter diretamente vinculativo das suas disposições em relação aos particulares. Deste modo, as normas dos planos especiais de ordenamento do território têm, agora, de ser integradas nos planos municipais de ordenamento do território, sendo as suas disposições vinculativas por intermédio deles.

ESCRITOS PRÁTICOS DE DIREITO DO URBANISMO

sem a prévia autorização ou o prévio parecer da entidade responsável pelo Parque Natural: neste caso, a verificação do cumprimento do plano não pode ser feita diretamente pelo município, estando a licença que este venha a emanar dependente da apreciação e da pronúncia prévia do Parque Natural, a quem cabe verificar se os valores protegidos pelas suas normas são devidamente acautelados no caso em análise.

Conclui-se, da evolução referida, que o licenciamento de operações urbanísticas no Parque Natural da Arrábida (como, aliás, as que ocorrem nas restantes áreas protegidas), não obstante se mantenha dentro do âmbito das atribuições municipais, pressupõe a intervenção obrigatória de uma entidade a ele exterior, no caso, precisamente, a entidade encarregada pela gestão do Parque, cuja pronúncia concorre para a formação do conteúdo do ato que venha a ser praticado pelos órgãos municipais.

Este facto remete-nos para a verificação deste regime de consulta a entidades exteriores ao município no âmbito dos procedimentos de licenciamento municipal.

2. O regime de licenciamento municipal e a consulta a entidades exteriores ao município

a) A evolução do regime

i. O procedimento de licenciamento de operações urbanísticas confiura um procedimento de controlo municipal à sua realização. Não obstante estes procedimentos se destinem à produção de uma decisão imputável a um órgão municipal – a *licença*, da responsabilidade da *câmara municipal* –, esta é o resultado de um conjunto de pronúncias da responsabilidade de outras entidades. Isto é assim porque a pretensão edificativa pode tocar um conjunto de interesses públicos diferenciados, da responsabilidade de outras tantas entidades, que, por esse motivo, têm de intervir no procedimento por forma a garantir que os interesses que tutelam serão devidamente salvaguardados.

Assim, estando o imóvel situado, por exemplo, numa zona de proteção especial (ZEP), a intervenção da entidade responsável pelo património cultural visa averiguar o impacto que aquela operação tem (ou pode ter) no imóvel classificado que justificou aquela ZEP. Do mesmo modo, realizando-se a operação urbanística numa área protegida, a intervenção da entidade por ela responsável tem como objetivo garantir a salvaguarda dos valores que justificaram o especial estatuto de proteção da área.

A pronúncia destas entidades visa exclusivamente a prossecução dos interesses públicos de que elas estão incumbidas por lei (por regra, interesses de carácter nacional), não lhes competindo, por estar fora das suas atribuições, pronunciar-se sobre quaisquer outras questões, designadamente, e a título de exemplo, sobre o cumprimento dos planos municipais, cuja apreciação cabe em exclusivo aos órgãos municipais (por estarem em causa interesses locais). A estes órgãos municipais, por sua vez, está vedado que intervenham em matérias que estão fora das suas atribuições, nomeadamente as que são da responsabilidade das entidades exteriores ao município. Por esse motivo, os distintos regimes que regularam ao longo dos anos os procedimentos urbanísticos e, no âmbito destes, a intervenção de entidades externas ao município sempre determinaram expressamente, ainda que tal fosse desnecessário, que cada entidade se pronuncia exclusivamente no âmbito das suas atribuições e competências (cfr. n.º 3 do artigo 18.º e n.º 4 do artigo 35.º do Decreto-Lei n.º 445/91, de 20 de outubro, n.º 10 do artigo 19.º do Decreto-Lei n.º 555/99, de 16 de dezembro, até à versão da Lei n.º 60/2007, de 4 de setembro, e n.º 3 do artigo 13.º na versão deste último diploma, e n.º 4 do mesmo artigo na versão decorrente do Decreto-Lei n.º 136/2014).

ii. O relacionamento entre as distintas entidades no âmbito de um procedimento urbanístico sempre teve uma previsão expressa na legislação que especificamente regula os procedimentos urbanísticos.

Iniciando a nossa análise apenas a partir do Decreto-Lei n.º 445/91, por nos permitir ter uma ideia clara sobre a forma como este relacionamento veio sendo disciplinado ao longo dos anos, determinavam os seus artigos 18.º e 35.º que:

(*i*) a câmara municipal devia promover a consulta às entidades que, nos termos da legislação em vigor, devessem emitir parecer, autorização ou aprovação (n.º 1 dos artigos 18.º e 35.º);

(*ii*) as entidades consultadas deviam pronunciar-se no prazo de 45 ou 30 dias a contar da receção do processo ou dos elementos solicitados nos termos do n.º 2 (n.º 3 do artigo 18.º e n.º 4 do artigo 35.º);

ESCRITOS PRÁTICOS DE DIREITO DO URBANISMO

(*iii*) os pareceres emitidos apenas tinham carácter vinculativo quando se fundamentassem em condicionalismos legais ou regulamentares, sem prejuízo de disposição especial (n.º 4 do artigo 18.º e n.º 5 do artigo 35.º);

(*iv*) a não receção dos pareceres dentro do prazo referido valia como parecer favorável (n.º 5 do artigo 18.º e n.º 6 do artigo 35.º).

Com o Decreto-Lei n.º 555/99, na sua versão inicial, o regime não era substancialmente distinto, ainda que com a diferença de não regular apenas os pareceres que estas entidades devessem emitir, mas também as situações em que a sua pronúncia fosse feita por via de uma *autorização* ou de uma *aprovação*.

Tendo como aspeto inovador a possibilidade de os pareceres, autorizações ou aprovações poderem ser solicitados diretamente pelos interessados, o artigo 19.º continuava a prever que:

(*i*) os pareceres, autorizações ou aprovações das entidades consultadas deviam ser recebidos pelo presidente da câmara municipal (ou pelo requerente, consoante quem houvesse promovido a consulta), no prazo de 20 dias ou do estabelecido na legislação aplicável a contar da data da receção do processo ou dos elementos que tivessem sido solicitados (n.º 8);

(*ii*) considerava-se haver concordância daquelas entidades com a pretensão formulada se os respetivos pareceres, autorizações ou aprovações não fossem recebidos dentro do prazo fixado (n.º 9); e

(*iii*) os pareceres das entidades exteriores ao município só tinham carácter vinculativo quando tal resultasse da lei, desde que se fundamentassem em condicionamentos legais ou regulamentares e fossem recebidos dentro do prazo fixado no n.º 8 (n.º 11).

A versão deste diploma, com a alteração que lhe foi introduzida pelo Decreto-Lei n.º 177/2001, de 4 de junho, manteve-se praticamente intocada, tendo-se porém introduzido, no n.º 9, a indicação de que o sentido positivo do silêncio das entidades consultadas apenas valia caso inexistisse legislação específica com solução distinta.

LICENCIAMENTOS EM PARQUES NATURAIS

Com a Lei nº 60/2007 o RJUE passou a regular esta matéria no artigo 13º, mantendo, porém, o essencial do regime, concretamente:

(i) Identificando o prazo que as entidades tinham para se pronunciar (nº 4);

(ii) Considerando haver concordância daquelas entidades com a pretensão formulada se os respetivos pareceres, autorizações ou aprovações não fossem recebidos dentro do prazo fixado (nº 5);

(iii) Determinando que os pareceres das entidades exteriores ao município só tinham carácter vinculativo quando tal resultasse da lei, desde que se fundamentassem em condicionamentos legais ou regulamentares e fossem recebidos dentro do prazo (nº 6).

Previsão que, com alguns ajustamentos, se mantém com a versão do RJUE introduzida pelo Decreto-Lei nº 136/2014, de 9 de setembro (n.ᵒˢ 5 a 7 do artigo 13º).

iii. Resulta desta evolução ter o legislador pretendido, logo na versão inicial do RJUE, regular nele (concretamente no seu artigo 19º) a totalidade das situações em que, no âmbito do procedimento de licenciamento, tivessem de ser consultadas entidades externas, quer essa consulta visasse obter a emissão quer de um *parecer prévio*, quer de uma *autorização*, quer de uma *aprovação*.

A integração, naquele normativo (e que se mantém nos atuais), das *autorizações* e *aprovações* a par dos *pareceres* tornava, porém, difícil a diferenciação destas situações das que se encontravam então reguladas no artigo 37º (atualmente revogado), referente aos procedimentos especiais, em que também intervinham distintas entidades.

Não era, de facto, fácil esta distinção, embora se pudesse afirmar sem grandes dúvidas que o artigo 19º se referia à situação normal em que, no âmbito de um procedimento de licenciamento, as consultas a entidades exteriores se encontravam incluídas no respetivo *iter* procedimental, reconduzindo-se ao sistema designado de *guichet único*, situação que se caracterizava pelo facto de o particular interessado em realizar uma determinada operação urbanística se dirigir *exclusivamente* à câmara municipal, a quem apresentava a sua pretensão, sendo esta quem, existindo outras entidades que tivessem de se pronunciar sobre aspetos parcelares do projeto, promovia a consulta às referidas entidades.

ESCRITOS PRÁTICOS DE DIREITO DO URBANISMO

Nestes casos, em regra, e salvo o exercício da faculdade de promoção das consultas pelos particulares[118], o pedido de licenciamento era apresentado na câmara municipal, que promovia a consulta às entidades que tivessem de se pronunciar no âmbito deste procedimento sobre o projeto apresentado, decidindo, depois, a câmara municipal, com um ato final – a licença da operação urbanística –, que se apresentava como a síntese de todas as pronúncias emitidas durante aquele procedimento.

Ao contrário deste regime, o artigo 37º enquadrava-se numa lógica distinta, de *guichet múltiplo*, enquadrando as situações em que o interessado, *antes* ou *simultaneamente* ao procedimento de licenciamento urbanístico, *devia* promover um outro procedimento, próprio e autónomo daquele, mas que era dele pressuposto, por forma a nele obter uma decisão da entidade exterior que precedesse a de licenciamento. O *sistema do guichet múltiplo* exigia, precisamente, que o particular interessado (e não a câmara municipal) se fosse dirigindo sucessivamente a várias entidades, para delas obter decisões parciais sobre determinados aspetos que afetavam a realização da pretensão, sendo que as várias decisões que tais entidades iam produzindo funcionavam como pressupostos de outras que lhe eram subsequentes.

Nestas situações, portanto, a lei fazia depender a emissão da licença municipal da prévia aprovação da Administração central, ato este que, deste modo, se configurava como um autêntico *ato administrativo prévio*, extrínseco ao procedimento de licenciamento: sem que os procedimentos tendentes à obtenção deste ato fossem iniciados e tal ato fosse emitido, não podiam os competentes órgãos autárquicos aprovar informação prévia ou deferir pedidos de licenciamento ou de autorização relativamente às operações urbanísticas.

O regime aplicável a estes procedimentos era, assim, distinto dos regulados no âmbito do artigo 19º (atualmente artigo 13º): embora também nestes procedimentos se pudessem colocar o mesmo tipo de questões que se suscitavam no âmbito do artigo 19º – designadamente as atinentes ao sentido do silêncio na pronúncia daquelas entidades –, a verdade é que essas questões eram entendidas no puro âmbito das relações entre o particular e a entidade responsável pela emissão de tal

---

[118] Cfr. artigo 19º, n.ºs 2 e 3.

aprovação ou autorização[119], sendo reguladas por legislação especial, ao contrário do que acontecia com o artigo 19º, onde aquelas questões relevavam diretamente no domínio das relações entre a câmara municipal e a entidade exterior ao município.

Refira-se que, numa ótica de simplificação procedimental, o legislador veio, ao longo dos anos, modificando alguns procedimentos inicialmente especiais (e, por isso, reconduzíveis ao artigo 37º do RJUE), passando a prever que a intervenção da Administração central deixasse de se traduzir na emissão de um ato administrativo prévio, emanado no âmbito de um procedimento próprio e autónomo, para passar a configurar-se como um *parecer favorável* ou *autorização*, a integrar no âmbito do procedimento de licenciamento municipal, como um passo do seu *iter* procedimental, opção que se conjugava com o objetivo que o legislador pretendia alcançar com o artigo 19º do RJUE: estabelecer uma disciplina única no relacionamento entre os municípios e as entidades exteriores no âmbito dos procedimentos de licenciamento, excecionando dela, apenas, alguns procedimentos especiais.

b) Os licenciamentos municipais de operações urbanísticas que têm lugar no âmbito de áreas protegidas: configuração jurídica

i. De acordo com o que acabamos de afirmar, e atendendo à regulamentação legal dos procedimentos de licenciamento municipal que ocorrem no âmbito territorial dos Parques Naturais, teremos de concluir que estes procedimentos nunca se configuraram, do ponto de vista jurídico, como um procedimento especial, mas tão-só como um normal procedimento de licenciamento municipal no âmbito do qual o município tem de consultar os órgãos do Parque para efeitos de obtenção, por parte destes, da prévia *autorização* ou do *parecer vinculativo* legalmente exigidos. Com efeito, o que se verifica, em regra, é que os órgãos competentes

---

[119] Nestas situações, o silêncio não tinha relevo, dado que a decisão municipal não podia ser emitida sem a pronúncia expressa (autorização ou aprovação) da Administração central, diferentemente do que sucedida no artigo 19º (e, posteriormente, no artigo 13º), em que se considerava haver concordância daquelas entidades com a pretensão formulada se os respetivos pareceres, autorizações ou aprovações não fossem recebidos dentro do prazo fixado na lei, apenas assim não o sendo se legislação específica dispusesse, expressamente, em sentido contrário.

ESCRITOS PRÁTICOS DE DIREITO DO URBANISMO

pelos Parques intervêm nos procedimentos de licenciamento desencadeados junto da autoridade municipal[120].

Aplica-se, assim, neste caso, o disposto nos regimes que disciplinam o licenciamento urbanístico (ver regimes *supra* expostos), dos quais decorre, no que ao silêncio diz respeito, a regra da *concordância* daquelas entidades com a pretensão formulada se os respetivos pareceres, autorizações ou aprovações não forem recebidos dentro do prazo fixado na lei – o que significa que, nestes casos, quando a lei exige a prévia emissão de uma autorização ou de um parecer, se refere à *existência jurídica* e não de facto, isto é, à sua existência, expressa ou tácita, e não apenas expressa.

Decorre também dos diplomas que regulam o regime aplicável aos licenciamentos urbanísticos – numa lógica de que a lei especial derroga a lei geral – que este regime apenas não valerá, designadamente quanto às consequências do silêncio, se a lei especial expressamente disciplinar em sentido contrário[121]. Mas também significa, naturalmente, que, não estipulando a lei especial uma solução que expressamente contrarie estes diplomas, serão estes que valerão.

Também em matéria da vinculatividade dos pareceres, vale o disposto no regime aplicável aos licenciamentos urbanísticos. Deve, porém, ter-se em conta que, em matéria urbanística, na maior parte das vezes, como sucede no presente caso, os pareceres, mesmo quando qualificados como vinculativos, apenas o são se emitidos num determinado sentido (em sentido negativo), correspondendo àquilo que a doutrina designa de "pareceres conformes". Assim, sendo negativo o parecer, a câmara municipal é obrigada a indeferir a pretensão, sob pena de nulidade [cfr. artigo 52º, nº 1, alínea *a*), do Decreto-Lei nº 445/91 e alínea *c*) do nº 1 do artigo 24º em conjugação com a parte final da alínea *c*) do

---

[120] Neste sentido, cfr. o nosso "Os silêncios que não valem ouro: relações inter-administrativas no âmbito dos Parques Naturais. O caso do Parque Natural da Arrábida", comentário ao Acórdão do TCA Sul, processo 02133/06, in *RevCEDOUA*, nº 17, Ano IX_06, pp. 97-113, Coimbra Editora.

Em todo o caso, note-se que, no caso do Parque Natural da Arrábida – considerando que o artigo 12º, nº 3, da Portaria nº 26-F/80 foi substituído, a este propósito, pelo artigo 12º do Decreto Regulamentar nº 23/98 –, a atividade de construção passou a ficar condicionada à prévia emissão de um parecer vinculativo e não de uma autorização.

[121] Tal desvio tem de resultar da legislação especial, o que apenas sucederá se tal lei determinar inequivocamente, em matéria de silêncio, que a pronúncia tem de ser expressa ou que a sua omissão equivale a discordância com a pretensão.

artigo 68º, ambos do RJUE]; pelo contrário, sendo favorável o parecer, a câmara municipal, no âmbito de um procedimento de licenciamento, tanto pode deferir o pedido de licenciamento como pode, por motivos cuja apreciação lhe caiba efetuar, indeferi-lo.

Dizer-se que o parecer apenas vincula se for desfavorável não quer dizer que a câmara municipal possa, sendo o parecer favorável, contrariar o juízo (ou fazer um juízo próprio e distinto do) que foi formulado pela entidade que o emite. Pelo contrário, quer apenas dizer que, sendo favorável o parecer, nada impede que a decisão do procedimento venha a ser, afinal, de indeferimento. Porém, tal apenas pode acontecer se *existirem motivos que estejam na esfera de atribuições e competências da entidade licenciadora que justifiquem o indeferimento* e não pelos motivos que estiveram na base da pronúncia da entidade consultada, que é da sua exclusiva responsabilidade.

Dito de outro modo, os pareceres favoráveis das entidades externas ao município devem ser encarados como a garantia de que a pretensão urbanística não coloca em causa os interesses que a essa entidade (e só a ela) cabe tutelar, mas não impede a câmara municipal de apreciar os aspetos que estão no âmbito das suas atribuições e que podem levar a um indeferimento.

ii. Em face do que se afirmou *supra*, tem de se averiguar se a legislação especificamente referente ao Parque Natural da Arrábida fixa um regime jurídico que se apresente como um desvio ao regime geral anteriormente referido, em especial em matéria de silêncio.

Ora, uma leitura atenta dos normativos que regularam e regulam esta área territorial (quer os artigos 11º e 12º do Decreto Regulamentar nº 23/98, quer o artigo 9º do Plano Especial de Ordenamento do Território do Parque Natural da Arrábida) permite-nos concluir que deles não decorre expressamente qualquer solução quanto à ausência das autorizações ou pareceres vinculativos legalmente exigidos, o que terá de significar, na lógica referida, que vale aqui a regra geral que determina que a ausência de decisão vale como *concordância* com a pretensão em causa, tudo se passando como se a entidade responsável pelo Parque tivesse decidido expressamente de forma favorável à pretensão: a partir do momento em que tal pronúncia se considera juridicamente formada, começa a contar o prazo para que os órgãos municipais decidam.

3. A responsabilidade civil da Administração em caso de declaração de nulidade

Refira-se, antes do mais, que sempre se previu, desde que estivessem presentes os respetivos pressupostos[122], a responsabilidade civil da Administração pelos prejuízos causados aos particulares que executem operações urbanísticas com base em atos de controlo prévio ilegais, nomeadamente em caso de declaração de nulidade de licenças urbanísticas (responsabilidade civil por atos ilícitos). Essa matéria passou a integrar expressamente o próprio RJUE (artigo 70º), decorrendo anteriormente do Decreto-Lei nº 48 051, de 21 de novembro de 1967.

Retira-se deste artigo, naquilo que aqui interessa (não obstante a sua redação não tenha permanecido a mesma nas várias versões do RJUE), que:

> *(i)* essa responsabilidade é, em primeira linha, uma responsabilidade direta e solidária do município perante terceiros pelos prejuízos causados por conduta ilícita dos titulares dos seus órgãos singulares, ou membros de órgãos colegiais ou dos seus trabalhadores (cfr. atual nº 2). Isto é assim porque são os órgãos municipais que praticam os atos administrativos, no caso, de licenciamento, que

---

[122] Referimo-nos à *ilicitude* da atuação da Administração – que se analisa na prática, pelos seus órgãos ou trabalhadores, de um ato que viole as normas legais e regulamentares ou os princípios jurídicos ou outros de ordem técnica e de boa administração que deveriam ter sido atendidos; à *culpa* ou elemento subjetivo da responsabilidade – que se refere ao nexo entre o facto ilícito e a conduta do seu autor; ao *dano* enquanto fundamento e limite da obrigação de indemnizar – já que não há responsabilidade sem que o facto ilícito tenha causado prejuízos a outrem, nem o montante da indemnização deve exceder os mesmos, que englobam, em regra, os danos emergentes e os lucros cessantes, de modo a repor a situação que existiria (situação hipotética atual) caso o ato não tivesse ocorrido ou tivesse ocorrido sem a ilegalidade; ao *nexo de causalidade* entre o facto ilícito e o dano ocorrido – que se analisa num juízo de prognose póstuma referido à probabilidade, no momento da ação, isto é, da prática de uma específica ilegalidade, tendo em consideração as circunstâncias conhecidas ou cujo conhecimento deveria estar na disponibilidade de um observador objetivo, de ocorrência de tais prejuízos. Note-se, em relação a este último elemento, que a totalidade dos danos pode não ser imputada apenas à Administração, podendo existir concurso de culpas com outros responsáveis, como sucederá nas hipóteses em que o particular não evitou, quando o poderia ter feito, a produção de danos ou, mesmo, nas situações em que haja exclusão da responsabilidade da Administração, designadamente nas hipóteses em que ela tenha sido induzida em erro pelo particular, perante os elementos que este trouxe ao processo, sem que lhe fosse exigível uma atuação instrutória própria ou de controlo.

são, precisamente, os atos que permitem ao interessado realizar/
/executar a operação urbanística;

(ii) a responsabilidade solidária estende-se às entidades exteriores
que, no âmbito do procedimento em causa, forem chamadas a
emitir parecer vinculativo, autorização ou aprovação [atual n⁰ 3,
alínea *a)*];

(iii) no caso de responsabilidade solidária, o particular tem a faculdade de exigir a reparação dos danos a todos ou apenas a alguns
dos obrigados, estando os mesmos forçados a satisfazer a totalidade do montante arbitrado;

(iv) o município, caso venha a pagar a indemnização, goza do direito
de regresso, nos termos gerais de direito (atual n⁰ 4, *in fine*).

Interessa aqui debruçarmo-nos sobre a situação em que a ilegalidade
do ato de licenciamento resulte da emissão de parecer vinculativo, autorização ou aprovação legalmente exigível de uma entidade externa ao
município. Esta é uma norma que, se entendida de forma estritamente
literal no que concerne aos pareceres, assume um âmbito de aplicação
restrito, já que, em regra, os pareceres só são vinculativos se desfavoráveis, o que precludiria a prática de atos de gestão urbanística de cariz
favorável.

Deve, por isso, o referido artigo ser interpretado de forma adequada,
aplicando-se não apenas quando tenha sido emanado um parecer vinculativo (que apenas assim o é se for desfavorável), mas também naquelas situações em que o parecer favorável, apreciando questões que
são do foro exclusivo da entidade consultada, contraria disposições cuja
violação é geradora de nulidade. Ora, se tal acontecer – e porque a pronúncia favorável da entidade consultada, não havendo outras razões
apreciáveis pelos órgãos municipais que justifiquem o indeferimento
da pretensão, concorre para a formação do conteúdo do ato de licenciamento –, este ato acaba por ser nulo por incorporar aquela pronúncia
que também o é.

No fundo, ocorrendo um vício material de conteúdo no ato de licenciamento gerador de nulidade, a responsabilidade tem de ser assumida
pela entidade a quem esse vício é imputável e que, com a sua conduta,
concorreu para que o conteúdo do ato fosse aquele: havendo questões
que devem ser apreciadas exclusivamente pelas entidades consultadas

ESCRITOS PRÁTICOS DE DIREITO DO URBANISMO

(porque estão no âmbito exclusivo das suas atribuições e competências), são elas que devem fazer a sua análise; se tal análise não estiver correta e conduzir à violação de normas geradora de nulidade, é a essas entidades que tal nulidade é imputável, sendo elas que devem responder, em termos de responsabilidade civil, pelos prejuízos que decorrem da execução de uma operação urbanística ilegal.

É certo que, sendo o parecer favorável, a Administração municipal podia, ainda assim, indeferir a pretensão, evitando os prejuízos do particular. No entanto, como referimos *supra*, tal apenas pode acontecer se o indeferimento se fundamentar em motivos e dispositivos distintos dos que foram objeto de apreciação pela entidade consultada.

Já se a nulidade decorrer da violação de uma norma que deva ser objeto de apreciação direta pelo município, é ele o responsável pelos prejuízos causados ao particular.

Também se tem entendido que o nº 4 do artigo 70º do RJUE – que reconhece responsabilidade solidária à entidade exterior quando a ilegalidade do ato de licenciamento resulte da emissão de parecer vinculativo – se aplica nas situações de omissão deste parecer. Efetivamente, sempre que uma entidade que devesse emitir parecer vinculativo não o tenha feito no prazo previsto para o efeito, e tal tenha determinado a pronúncia positiva da Administração municipal em contradição com o regime legal aplicável, a ilegalidade em que o ato incorre deve ser imputada àquela entidade externa e não ao município, já que é a ela que incumbe a salvaguarda de um específico interesse público e, ao omitir a pronúncia, não o fez.

ÍNDICE

Nota da Autora   5

1. Construção nova *versus* intervenção em edificações existentes:
a dificuldade de recorte dos conceitos   7

2. Legalização de um edifício erigido num lote cuja licença inicial
foi declarada nula por violação do loteamento   17

3. Legalização na sequência da declaração judicial de nulidade   21

4. Suspensão do prazo de execução de operações urbanísticas
por motivo de alteração do plano de pormenor aplicável
às mesmas   33

5. Implicações da delimitação de Áreas de Reabilitação Urbana
em território que inclui unidades de intervenção com
documento estratégico aprovado ao abrigo do Decreto-Lei
nº 104/2004, de 7 de maio   47

6. Indeferimento de pedido de licenciamento com fundamento
na desconformidade da pretensão com documento estratégico
em unidade de intervenção   55

7. Planos sem parâmetros e parâmetros fora dos planos   67

8. A natureza jurídica de lotes situados num loteamento cujas
obras de urbanização nunca foram realizadas   79

ESCRITOS PRÁTICOS DE DIREITO DO URBANISMO

9. Unificação de parcelas/lotes resultantes de dois loteamentos distintos: como proceder? 93

10. Da aplicação de um plano municipal a intervenções ilegalmente realizadas e cuja legalização foi requerida antes da sua entrada em vigor 103

11. Aplicação de plano diretor municipal revisto em 2016 a um pedido de informação prévia da alteração de uma operação de loteamento licenciada em momento anterior à entrada em vigor daquela versão 121

12. Informação prévia favorável como ato vinculativo? Que vinculação e em que termos? 139

13. As "condições" de uma informação prévia condicionada: quando a condição está dependente do próprio município 153

14. Licenciamentos em parques naturais: quem decide o quê e quem é responsável pelo quê? 163